Sonja Vogler

Die richtige Ernährung bei Rosacea

170 erprobte Kochrezepte um Rosacea zu stoppen

Rainer Bloch Verlag

Zur freundlichen Beachtung:

Die richtige Ernährung bei Rosacea

170 erprobte Kochrezepte um Rosacea zu stoppen

Sonja Vogler

ISBN 978-3-942179-58-4

Rainer Bloch Verlag

1. Auflage, 15.03. 2020

Paperback, DIN-A5

Druck: SOL-Service GmbH, Westendstraße 5, 86529 Schrobenhausen

Impressum:

Rainer Bloch Verlag, Schwetzinger Str. 4, D - 69469 Weinheim,
Webseite: www.Bloch-Verlag.de, buch@bloch-verlag.de

Alle Angaben wurden mit Sorgfalt ermittelt und überprüft. Sie unterliegen jedoch Veränderungen. Deshalb kann für die Richtigkeit oder Funktionalität keine Gewähr gegeben, noch die juristische Verantwortung oder irgendeine Haftung übernommen werden. Gesundheitsfragen sollten immer individuell beantwortet werden, deshalb empfiehlt es sich, auch unter Berücksichtigung möglicher Nebenwirkungen, insbesondere vor einer Selbstmedikation immer einen Arzt zu befragen.

Es wird keine Verantwortung für die Inhalte der genannten Internetseiten sowie deren Verknüpfungen und Verweise zu anderen Internetseiten übernommen. Die Nennung, der in diesem Buch aufgeführten Internetseiten und Informationen erfolgt unter ausdrücklicher Missbilligung aller damit eventuell verbundenen Rechtsverletzungen.
Alle hier aufgeführten Informationen und Adressen sind öffentlich zugänglich. Deshalb distanzieren sich Herausgeber, Verlag und Autoren von allen Äußerungen, die im Sinne von §111 StGB verstanden werden könnten, dies ist weder beabsichtigt noch gewollt. Die Warenzeichen, Produktnamen und Firmennamen bzw. -logos der beschriebenen Programme, Unternehmen oder Produkte sind das Alleineigentum der jeweiligen Inhaber und werden von uns nur zu Informationszwecken genannt. Vervielfältigungen jeder Art, insbesondere Fotokopien, sind verboten.

Dringende Empfehlung: Lassen Sie sich vor jeder Unternehmung /Handlung von einem fachlich qualifizierten Arzt, Facharzt und/oder Heilpraktiker beraten. Arbeiten Sie auch im Ausland nur mit dort zugelassenen und praktizierenden Fachkräften wie Ärzten und geprüften Heilpraktikern mit entsprechenden Referenzen. Investieren Sie lieber etwas mehr Geld in eine ordentliche Behandlung. Wir empfehlen grundsätzlich bei allen gesundheitlichen Problemen die Konsultation eines Arztes. Begeben Sie sich in medizinische Behandlung und lassen Sie sich von erfahrenen Ärzten helfen. Alle Texte in dieser Publikation dienen nur der Information. Sie sollten nicht als Handlungsempfehlung verstanden werden. Nur fachlich qualifizierte Kräfte können Ihre Situation bzw. Ihren Gesundheitszustand korrekt einschätzen bzw. beurteilen und geeignete Empfehlungen aussprechen.

Inhaltsverzeichnis

Vorwort

Rote Wangen gelten als gesund, zeigen sie doch, dass man aktiv ist und sich viel an der frischen Luft bewegt. Wenn die roten Wangen allerdings nicht mehr verschwinden, eventuell noch Äderchen hervortreten und kleine Knötchen entstehen, könnte eine Rosacea dahinterstecken. Diese chronisch entzündliche Hauterkrankung tritt vor allem bei keltischen Typen mit eher blasser Haut auf.

Das Tragische: Rosacea quält Betroffene immer wieder.

Beim Blick in den Spiegel sehen Sie rote, teilweise entzündende Stellen, Äderchen, die sich nicht beruhigen lassen. Trotz Auftragen von Cremes und ausgiebiger Reinlichkeit verschwinden die Rötungen nicht. Die Haut ist dauerhaft entzündet, gereizt und kann oft nur noch mit passenden Kosmetika abgedeckt werden.

Trotz intensiver Behandlungsmethoden kommt es regelmäßig zu Rückfällen, die in Form von Schüben auftreten. Wie bei anderen entzündlichen Krankheiten, sollte die Grundlage der Entzündung schonend und dauerhaft bekämpft werden. Dies gelingt oft nur mit einer passenden Umstellung der Ernährung. Dadurch wird der Körper entlastet und in die Lage versetzt, mit entzündlichen Vorgängen selbst erfolgreich fertig zu werden. Somit kann eine ganzheitliche Linderung erfolgen, welche dann bei konsequenter Anwendung lange anhalten dürfte.

Der Fokus liegt also auf möglichst sanftem, natürlichem Einfluss auf die erkrankte Person, ohne Nebenwirkungen, damit sich der Körper mit der Zeit erholen kann, gleichzeitig aber keine neuen Herde für Entzündungen entstehen.

Rosacea – einfach nur lästig

Diese Krankheit ist sofort sichtbar. Betroffene fühlen sich zum Teil entstellt, trauen sich aufgrund der auffälligen Hauterscheinungen nicht mehr in die Öffentlichkeit. Rosacea tritt meistens in Schüben auf. Frauen und Personen mit sehr heller Haut sind häufiger betroffen.
Die feinen Blutgefäße der Haut sind geweitet. Eventuell entstehen auch Pickel und kleine Knoten. Deshalb wird die Krankheit auch leicht mit der Akne verwechselt. Manchmal verdicken sich auch Hautareale und es kommt zu einer Knollennase. Bei größeren, knotenartigen Hautveränderungen kann eine OP zur Entfernung notwendig sein.

Die Ursache der Rosacea ist leider immer noch nicht geklärt. Möglich wäre eine Immunreaktion gegen die Haarbalgmilbe, welche auf der Haut zu finden ist. Genetische Faktoren sind ebenfalls möglich, denn Betroffene berichten auch oft über Fälle in der Verwandtschaft.

Was passiert in der Haut?

Bei den betroffenen Stellen wandern Abwehrzellen ein und schütten dann bestimmte Botenstoffe aus. Daraufhin weiten sich die Gefäße, was zu den Rötungen führt. Es entstehen vermehrt Entzündungen.

Dadurch teilen sich die Zellen des Bindegewebes und der Talgdrüsen öfter, was zu einer Verdickung der Haut führt. Entzündungsprozesse sorgen für das ständige Befeuern der Symptome. *Es gilt also, diese immer wiederkehrenden Entzündungen zu bekämpfen.*

Achtung: eine längerfristige Anwendung von Kortison kann auch zum Ausbruch von Rosacea führen.

Folgende Auslöser kommen infrage:

- Alkohol
- heiße Getränke
- scharfe Speisen
- Medikamente
- Stress
- Kosmetika
- starker Wind
- Kälte
- Hitze und Sonneneinstrahlung
- Starke Anstrengungen beim Sport
- Temperaturwechsel (Wechselduschen, Saunagänge, heiße Dusche)
- Hautbehandlungen (z.B. Peelings)
- Kosmetika mit Alkohol
- Vitamin B-Tabletten mit hoher Dosierung.
- Kortisontherapie
- Wechseljahre (Hitzewallungen)

Die Behandlung der akuten Rosacea

Die Ärzte verschreiben meistens Antibiotika in Form von Salben, um Keime auf und in der Haut zu bekämpfen. Cremes mit Azelainsäure kommen auch zum Einsatz. Diese Behandlungen sind geeignet, um die Krankheit für den Moment zurückzudrängen.
Bei stärkeren Formen kann auch eine orale Therapie mit Antibiotika verordnet werden.

Langfristig können Patienten mit der richtigen entzündungshemmenden Ernährung dagegen vorgehen.

Was können Sie noch tun?

Meiden Sie Solarien und längere Aufenthalte in der Sonne, denn dadurch wird die Haut wieder gereizt. Beim Waschen sollte die Temperatur des Wassers eher lauwarm sein. Zu kaltes und zu warmes Wasser fördern die Durchblutung der Haut. Benutzen Sie nur „sanfte" Seifen und verträgliche Kosmetika. Ihr Hautarzt kann Ihnen passende Tipps dazu geben. Nach dem Waschen dürfen Sie Ihr Gesicht nicht mit einem Handtuch trocken rubbeln, sondern tupfen es nur vorsichtig ab. So vermeiden Sie zusätzliche mechanische Reizungen.

Nützlich sind auch abgekühlte Teebeutel (Kamillentee), die Sie auf Ihre Wangen legen und damit die Haut beruhigen. Apfelessig kann die entzündete Haut auch positiv beeinflussen. Es dauert allerdings eine Weile, bis Ergebnisse sichtbar werden.

Aus Süßholz in Pulverform und einer beruhigenden Hautcreme kann eine nützliche Mischung entstehen, die Sie auf erkrankte Hautstellen auftragen sollten. Süßholz wirkt gegen die Entzündung der Haut.

Zusätzlich sollten Sie regelmäßig Leinsamen bzw. Leinöl zu sich nehmen. Am besten schlucken Sie täglich einen Teelöffeln Leinöl, halten diesen zuvor aber für ca. drei Minuten im Mund und geben Leinsamen in Ihr Müsli. Dadurch werden Entzündungen im ganzen Körper bekämpft. Weiterhin kann Lavendelöl gemischt mit Mandelöl immer wieder auf die Haut aufgetragen und einmassiert werden.
Auch Aloe Vera Gel zeigte sich bei langfristiger Anwendung wirksam.

Natürlich muss man bei den oben genannten unterstützenden Maßnahmen viel Geduld aufbringen, welche aber oft mit einer Linderung der Beschwerden belohnt wird.

Achtung – Nehmen Sie Medikamente?

Vor allem durchblutungsfördernde Arzneien wirken sich negativ auf diese Krankheit aus. *Achten Sie unbedingt auf Ihren Medikamentenkonsum und informieren Sie den behandelnden Arzt korrekt.*

Die besten Stoffe für Ihren Körper bei Rosacea

- Kamille (innerlich und äußerlich)
- Stiefmütterchen (innerlich und äußerlich)
- Nachtkerzenöl

Zur Bekämpfung der Entzündung nehmen Sie am besten regelmäßig Nachtkerzenöl ein und tupfen es auf die erkrankte Hautstellen.

Zusätzlich können Umschläge mit Malve, Ringelblume, Eichenrinde und Johanneskraut lindernd wirken.

Weitere natürliche Entzündungshemmer

Die Natur bringt einige nützliche Pflanzen hervor, welche bei Entzündungen durchaus wirksam sein können, das wären:

- Teebaum (Öl)
- Meerrettichwurzel
- Knoblauch
- Zwiebeln
- Salbei
- Ingwer
- Thymian
- Kapuzinerkresse
- Kurkuma

Die entscheidende Frage: Was tut mir gut und was nicht?

Betroffene sollten unbedingt ein Tagebuch führen. Darin tragen Sie alle Ereignisse und Aktivitäten ein an denen Sie teilnehmen. Weiterhin schreiben Sie jeden Tag alle Speisen und Getränke auf, die Sie zu sich nehmen. Je nachdem, wie sich die Hauterscheinungen dann entwickeln, können potenzielle Auslöser von Schüben identifiziert werden. Somit ist stets ein Vergleich der Einflüsse möglich, welche die Krankheit befördern oder eher reduzieren.
Machen Sie sich die Mühe, denn es bringt Sie auf jeden Fall weiter.

Die Psyche – nicht zu unterschätzen

Wer möchte schon ständig mit einem geröteten Gesicht gesehen werden?
Unter Umständen gehen Sie am Abend mit „normaler" Haut ins Bett und stehen am nächsten Morgen mit geröteter Gesichtshaut wieder auf. Wenn man dann noch einen wichtigen Termin hat, entsteht schnell Aufregung, die das Hautbild noch zusätzlich negativ beeinflusst.
Durch die Rötungen und Hauterscheinungen ist natürlich für die Umgebung stets sichtbar, dass irgendetwas nicht stimmt. Das verursacht bei den Betroffenen einen immensen Druck, dem nicht alle standhalten. Falsche Vermutungen, wie etwa starker Alkoholgenuss oder ähnliches können schnell die Runde machen, obwohl diese natürlich nicht zutreffen. Also folgen Ausweichreaktionen wie das Meiden der Öffentlichkeit, der Rückzug aus vormals gern durchgeführten Aktivitäten bis zur kompletten sozialen Isolation, weil man sich den Blicken der Menschen nicht mehr aussetzen möchte.
Betroffene kennen die Scham, die verletzenden Blicke und die stets gleichen Fragen und Bemerkungen.

So verständlich derartige Reaktionen auch sein mögen. Sie helfen nicht, sondern machen alles nur noch schlimmer. Gehen Sie gegen die Krankheit an und decken Sie betroffene Stellen mit geeigneten Kosmetika ab. Der Hautarzt kann Sie diesbezüglich beraten bzw. geeignete Mittel verschreiben. Sobald Tendenzen des Rückzugs bemerkbar werden, sollten Sie aktiv dagegen steuern, was nicht einfach ist. Trotzdem gilt es, weiterhin am Leben und sozialen Ereignissen teilzunehmen und sich nicht von der Krankheit beherrschen zu lassen. Das erfordert Stärke, psychische Stabilität und Durchsetzungsvermögen. So manche dumme Bemerkung muss einfach an Ihnen abprallen. Viele Menschen sind nicht besonders empathisch und reagieren schlichtweg unangebracht, wenn andere sichtbare Krankheiten haben. Das muss Ihnen egal sein. Ein guter Trick zur Erhaltung der eigenen Stabilität ist das Ignorieren solcher Personen und ein Bedauern derer mangelnder sozialen Kompetenz. Motto: Sie wissen es nicht besser.

Gegen Rosacea ist ein Kraut gewachsen

Bestens bewährt hat sich der Einsatz der Kamille und des wilden Stiefmütterchens. Dieses Kraut regt die Bildung neuer Hautzellen an und schützt die Haut vor freien Radikalen. Zusätzlich wirkt es entzündungshemmend.

Zur Stabilisierung der Haut sollten Sie für vier Wochen jeden Tag dreimal eine Tasse Stiefmütterchen-Tee trinken und Kamille für innere und äußere Anwendungen nutzen.

Was soll ich denn essen?

Hilfreiche Lebensmittel während der Erkrankung und danach:

Tee (grün), Manuka Honig, Tomaten, Gelatine, Leinöl, Olivenöl, Kokosöl, Nachtkerzen Öl, Kartoffeln, Gemüse

Folgende Lebensmittel eignen sich für die schonende, dauerhafte Nahrungszufuhr:

Naturreis, Hafer, Hirse, Gerste, Dinkel

Lachs, Seelachs, Makrele, Scholle, Forelle

Leinöl, Walnussöl, Rapsöl (durch die Omega 3 Fettsäuren werden Entzündungen bekämpft)

Avocado

Apfel, Birne, Pfirsich, Aprikose

Brokkoli, Spinat, Knoblauch, Heidelbeeren, Himbeeren, Sauerkirschen, Papaya, Mango

Die enthaltenen sekundären Pflanzenstoffe plus Vitamine und zusätzlichen Stoffe (Senföle, Flavonoide, Allicin, Karotinoide) versprechen Linderung.

Granatapfel

Diese Frucht enthält sehr viele sekundäre Pflanzenstoffe.

Empfehlenswerte Lebensmittel

Diese Lebensmittel können bedenkenlos in Maßen konsumiert werden:

Vollkornprodukte (Brot), Vollkornreis, Vollkornnudeln, Haferflocken Dinkel, Hirse, Buchweizen, Kartoffeln

Vollkornprodukte senken das Risiko für Darmprobleme aller Art, die Ballaststoffe wirken sich positiv auf die Blutfettwerte aus und vermeiden Blutzuckerspitzen. Blutfette können dadurch sogar gesenkt werden. Die guten Darmbakterien werden gefördert.

Nüsse, Mandeln, Cashewkerne, Leinsamen, Hanfsamen, Sesamsamen

Obst, außer Steinobst, welches eher schwer verdaulich sein kann. Leichte Salate mit möglichst fettfreiem Dressing

Karotten, Kohl, Gurke, Zucchini, Fenchel, Brokkoli, Blumenkohl, Rosenkohl, Rotkohl, Sauerkraut, Weißkraut

Alle Kohlsorten wirken gegen Entzündungen im Körper.

Tomaten

In Tomaten ist das wichtige Lycopin enthalten. Gekochte Tomaten enthalten mehr Lycopin. Genießen Sie also oft Tomatenmark, Tomatensuppe o.ä.

Spinat

Spinat enthält besonders viel Vitamin E und D.

Mangold

Die in Mangold enthaltenen Substanzen senken das Risiko für Entzündungen.

Spargel, Pilze

Leinöl, Rapsöl, Olivenöl, Sesamöl, Kokosöl

Pflanzliche Öle, wie oben genannt, wirken gegen Entzündungen im Körper.

Zwiebeln, Knoblauch und Lauch.....

wirken entzündungshemmend. Empfindliche Personen sollten jedoch auf kleine Portionen achten, denn Lauch und Zwiebeln können Blähungen verursachen.

Lachs

Durch den hohen Gehalt an Omega 3 Fettsäuren ist Lachs, wie auch andere Fischsorten, wie unten erwähnt, ein sehr wertvolles Lebensmittel für die Gesundheit des Körpers. Die reichlich vorhandenen Omega 3 Fettsäuren wirken gegen Entzündungen.

Makrele, Hering, Sardinen, Scholle, Kabeljau, Seehecht, Krebse, Hummer, Garnelen

Hähnchenfleisch, Putenbrust, Rinderfilet, Wild, Kalbfleisch (sehr selten)

Milch (mager), Magerquark, Naturjoghurt (fettarm), Buttermilch Frischkäse

Wasser, Tee (ungesüßt), Kräutertee, Kaffee nur in Maßen und möglichst ohne Koffein, Schokolade (pro Tag nur sehr kleine Mengen und über 70% Kakao Anteil)

Grüner Tee, Basen Tee, Kokoswasser, Weizengrassaft

Nicht empfehlenswerte Lebensmittel

diese Lebensmittel sollten nicht gegessen werden:

Weißbrot, Mischbrot, Brötchen, Milchbrötchen, Laugenstangen, weißer Reis, Hartweizennudeln oder Eiernudeln, Pommes, Kroketten, Pfannkuchen, Kartoffelbrei, Toastbrot, Knäckebrot

Süße Backwaren, Kekse, Eis, Chips, Flips, Nüsse (gesalzen), Obstkonserven mit Zucker, Schweinefett, Palmfett, Sonnenblumenöl

Fruchtsäfte, Mixgetränke, Süße (gezuckerte) Milchprodukte,
Cola, Limonade, Energiedrinks

Schweinefleisch, Wurst, Bratwurst, Lyoner, Salami, Bockwurst, paniertes Fleisch

Achtung: Fettsäuren (Omega 6) und die Arachidon-Säure im Fleisch fördern Entzündungen und Ablagerungen in den Gefäßen. Daher sollte Ihr Fleischkonsum sehr gering ausfallen. Wenn es Fleisch sein soll, dann kommen nur sehr magere Sorten (Rind, Huhn, Kalb, Wild) infrage. Generell ist es besser, auf Fleisch möglichst zu verzichten und mehr Fisch in den Speiseplan zu integrieren.

Süßigkeiten aller Art, Pudding, süße Joghurt, gezuckerte Fruchtjoghurt, Götterspeise

Zucker

Meiden Sie Zucker auf jeden Fall. Fruchtzucker in Maßen (Obst) ist in Ordnung. Zucker steht im Verdacht, bei der Entstehung vieler Krankheiten eine Rolle zu spielen. Zudem fördert Zucker entzündlichen Vorgänge im Körper.

Wir beschränken uns auch bei den Rezepten auf die gesunden Varianten. Wer sich an den veröffentlichen Rezepten orientiert, wird sich dauerhaft gesund ernähren, die Verdauungsorgane wirksam schonen und damit langfristig überschüssiges Gewicht verlieren bzw. Idealgewicht erreichen, Entzündungen bekämpfen bzw. lindern.

Dann kann auch eine Rosacea langfristig bekämpft werden. Dieser Prozess verläuft langsam, aber auf Dauer wirksam.

Es ist daher wichtig, nicht die Geduld zu verlieren, sondern dabei zu bleiben, nicht in alte Verhaltensmuster zurückzufallen und durchzuhalten.

Bitte beachten: Selbstverständlich gibt es keine Garantie auf Erfolg. Wenn Sie die empfohlene Ernährung aber dauerhaft zu sich nehmen, bestehen gute Chancen, Beschwerden zu lindern und Entzündungen im Körper auf längere Sicht eventuell sogar zum kompletten Abklingen zu bringen. Dieses Ziel kann durchaus erreicht werden, wenn die Empfehlungen berücksichtigt werden. Es dauert jedoch länger, bis Erfolge eintreten.

Unabhängig von allen Empfehlungen sollten am Tag 5 Portionen Gemüse und / oder Obst verzehrt werden. Am besten sind kleine Mahlzeiten geeignet.

Rezepte für eine passende Ernährung gegen Rosacea

Die Mengenangaben sind für jeden Konsumenten individuell anzupassen. Männer essen gewöhnlich andere Mengen, als Frauen.

Die Rezepte können jederzeit variiert oder auch ergänzt werden. Falls Sie gewisse Bestandteile nicht vertragen, können diese auch ausgetauscht oder ergänzt werden. Ansonsten: Würzen Sie nach Ihrem Bedarf. Wichtig: Salz dürfen Sie nur sehr sparsam verwenden. Mit Kräutern dürfen Sie verschwenderisch umgehen. Bei dem Einsatz von Pfeffer und Zimt sollten Betroffene erst einmal sehr sparsam beginnen und dann langsam steigern. Bei manchen Betroffenen gehören Pfeffer und Zimt zu den Triggern (Auslöser).
Besondere Vorsicht ist bei scharfen Speisen angebracht. Sie werden kaum scharf gewürzte Rezepte finden. Dabei ist zu unterscheiden, ob es sich um eher verträgliche Gewürze wie Curry – oder für Betroffene meistens unverträgliche Zusätze wie etwa Chili handelt.

Das Frühstück – Der beste Start in den Tag

Das Frühstück soll Ihnen einen guten Start in den Tag ermöglichen und gleichzeitig dazu führen, dass nicht wieder sofort danach ein Hungergefühl entsteht.

Es kommen nur vollwertigen Lebensmitteln infrage.

Empfehlenswert sind Haferflocken, Buchweizen und Samen, welche die enthaltene Energie dem Körper fein dosiert über längere Zeit zur Verfügung stellen. Deshalb eignen sie sich auch für Diabetiker. Auch bei Magenproblemen sorgt diese Kost für eine schonende Vorverdauung. Vorsicht ist bei fertigen Müsli Mischungen angebracht, denn diese enthalten oft viel Zucker. Die Empfehlung lautet: Kaufen Sie lieber reine Produkte und mischen Sie dann selbst nach Bedarf. Das ist nicht nur günstiger, sondern auch gesünder.

Noch einmal: Essen Sie nur die oben empfohlenen Lebensmittel.

Auf keinen Fall dürfen Weißbrot, Brötchen, süße Hörnchen oder ähnliches regelmäßig auf den Tisch kommen. Der eine oder andere „Ausrutscher“ ist nicht tragisch. Aber: Weißmehl schadet langfristig dem empfindlichen Zusammenspiel der nötigen Bakterien im Darm.

Empfehlung: Trinken Sie morgens eine halbe Stunde vor dem Frühstück ein Glas Wasser und / oder basischen Tee bzw. Kamillentee oder Fencheltee.

Ein gutes Frühstück besteht aus frischen Früchten, die Sie unbehandelt verzehren können und / oder Vollkornprodukten.
Am besten gewöhnen Sie sich daran, nach dem Aufstehen sofort ein Glas warmes Wasser zu trinken. Danach bereiten Sie ein Glas mit Kamillentee zu, wobei natürlich auf die Herkunft des Tees geachtet werden muss. Auf keinen Fall sollten darin Pestizide zu finden sein.

Nach einer halben Stunde kann dann das Frühstück folgen.

Müsli Joghurt mit Frucht

Zutaten (Eine Person)

120 g Naturjoghurt (fettarm)
50 g Müsli Mischung oder Haferflocken
50 ml Fruchtsaft nach Wahl
½ Banane
1 Mandarine
20 g gehackte Mandeln

Den Joghurt mit dem Saft und dem Müsli in einer Schüssel bitte gut vermischen. Die Mandarine wird geschält und klein geschnitten. Ebenso wird die Banane geschält und in kleine Stücke geschnitten. Beides geben Sie dann in die Schüssel und mischen gut durch. Zum Schluss kommen die gehackten Mandeln über das Müsli Joghurt.

Haferbrei mit Frucht

Zutaten (Zwei Personen)

8 EL Haferflocken
400 ml Wasser
1 Banane
1 Birne
100 ml Sojamilch
Salz

Die Haferflocken werden mit dem Wasser in einem kleinen Topf und wenig Salz kurz erhitzt. Die Banane schälen und klein schneiden. Die Birne wird gewaschen und ebenfalls klein geschnitten. Das Obst können Sie mit den Haferflocken und dem Wasser mischen. Dann bitte Sojamilch darüber gießen und servieren.

Haferflockenbrei mit Apfel

Zutaten (Zwei Personen)

80 g Haferflocken
500 ml Hafermilch
100 g Apfel (eher süß)
2 Datteln

Zuerst schälen Sie die Äpfel und schneiden diese in kleine Stücke. Dann kommen die Haferflocken mit der Hafermilch in eine Schüssel und wird verrührt. Die Apfelstückchen werden mit dem Brei vermischt. Die Datteln schneiden Sie klein und geben diese über den Brei.

Quarkmischung mit Obst

Zutaten (eine Person)

3 EL Magerquark
2 EL Milch
1 EL Leinöl
1 EL Weizenkeimöl
20 g Himbeeren
20 g Heidelbeeren

Geben sie alle Zutaten und das gewaschene Obst in den Mixer und pürieren es. Dann füllen Sie den Quark in zwei kleine Schüssel zum Servieren.

Haferflocken Nuss Mischung mit Pfirsich

Zutaten (zwei Personen)

200 ml Orangensaft
6 EL Haferflocken
250 g Quark (1,5 g Fett)
30 g Haselnüsse
30 g Mandeln
2 EL gepuffter Amaranth
3 Pfirsiche (süß)
20 g Hanfsamen

Die Haferflocken werden mit dem Quark, dem Orangensaft und dem Amaranth gut vermischt. Nüsse und Mandeln bitte klein hacken und einstreuen. Die Pfirsiche werden erst gewaschen und klein geschnitten. Mische Sie dann alles noch einmal durch. Anschließend noch den Hanfsamen einstreuen und servieren.

Couscous Brei mit Apfel

Zutaten (Zwei Personen)

80 g Couscous
40 Haferflocken
270 ml Hafermilch
1 Apfel
1 EL Leinöl
1 TL Honig
20 g Sesamsamen

Den Apfel bitte waschen, klein schneiden oder reiben. Dann kochen Sie die Hafermilch mit dem Honig auf. Kurz danach geben Sie Haferflocken und Couscous dazu zum Unterrühren. Lassen Sie den Brei etwa 8 Minuten quellen. Geben Sie nun den Apfel, Leinöl und Sesamsamen dazu.

Früchteschale mit Karotte

Zutaten (Zwei Personen)

Eine Karotte
Zwei Äpfel
Zwei Birnen
1 EL Leinöl
1 EL Zitronensaft

Die Karotte schälen, waschen und klein hobeln. Den Apfel waschen und klein schneiden. Die Birnen werden ebenfalls gewaschen und klein geschnitten. Dann geben Sie alles zusammen in eine Schüssel und pürieren den Inhalt mit dem Pürierstab. Leinöl, Zitronensaft dazu geben und noch einmal vermischen.

Apfel Dinkel Pfannkuchen

Zutaten (Eine Person)

150 ml Sojamilch
100 ml Wasser
130 g Dinkelmehl
1 Ei
Rapsöl
Ein Apfel

Den Apfel bitte waschen, schälen und klein schneiden.
Sämtliche Zutaten werden zu einem Teig verrührt, der eine halbe Stunde quellen muss. Dann kommt Öl in eine heiße Pfanne und die Pfannkuchen (vier Stück) werden gebacken. Achten Sie auf die Hitze in der Pfanne, die nicht zu hoch sein darf, sonst brennt der Teig schnell an.

Müsli mit Kaki und Aprikose

Zutaten (Zwei Personen)

3 EL Haferflocken
100 g Kokosmüsli
1 Kaki
2 Aprikosen
150 g Quark (1,5 g Fett)
100 ml Kokoswasser

Kokosmüsli und Haferflocken mit dem Quark und dem Kokoswasser gut vermischen. Kaki und Aprikosen bitte waschen und klein schneiden. Dann werden die Früchte mit dem Müsli vermischt.

Haferflockenjoghurt mit Weintrauben

Zutaten (eine Person)

1 Apfel
25 g rote Weintrauben kernlos
4 EL Haferflocken
1 TL Mandelstifte
200 g Joghurt (1,5% Fett)

Den Apfel gründlich waschen und klein schneiden. Die Weintrauben werden ebenfalls gewaschen und geviertelt.
Dann geben Sie die Haferflocken, Mandelstifte, Joghurt, Apfel und Weintrauen in eine Schale und vermischen dies gut.

Feiner Hirsebrei mit Feigen

Zutaten (Zwei Personen)

150 g Hirse
600 ml Wasser
Salz
20 g Manuka Honig
30 g Feigen (ohne Zucker)

Die Hirse kommt mit dem Wasser in einen Topf und wird unter ständigem Rühren erhitzt. Nach etwa 15 Minuten entsteht der Brei und der Topf kann von der Herdplatte entfernt werden.
Dann würzen Sie mit etwas Salz und geben den Honig und die zuvor klein geschnittenen Feigen dazu.

Früchtemischung mit Mandeln

Zutaten (Eine Person)

1 Apfel
¼ Wassermelone
1 Limette
25 g Mandeln
1 EL Leinöl
1 EL Zitronensaft

Den Apfel bitte waschen und klein schneiden. Die Wassermelone schneiden und in eine Schüssel geben. Dazu kommen der Apfel und die entkernte und geschnittene Limette.
Die Mandeln werden klein gehackt. Mit dem Pürierstab fein pürieren. Danach streuen Sie die Mandeln ein und geben den Zitronensaft sowie Leinöl dazu. Anschließend noch mal vermischen.

Buchweizen Himbeere Milchshake

Zutaten (Eine Person)

130 ml Buttermilch
160 g Himbeere
4 EL gepuffter Buchweizen
1 EL Leinsamen
1TL Hanfsamen

Die Himbeeren bitte überprüfen, waschen und in eine Schale geben. Dann geben Sie die Buttermilch hinzu und mischen den Buchweizen ein. Leinsamen und Hanfsamen wird dann darüber verstreut.

Kräftige Dinkel Waffeln

Zutaten (Eine Person)

200 g Dinkelmehl
½ Packung Trockenhefe
200 ml Sojamilch
160 g flüssige Margarine (ohne Milch)
Etwas Salz
Rapsöl
1 EL Frutilose

Mischen Sie alle Zutaten und rühren den Teig gut durch. Er muss noch 25 Minuten quellen. Dann stellen Sie das Waffeleisen an und streichen etwas Öl auf die Flächen (unten und oben). Wenn es erhitzt ist, geben Sie Teig ins Waffeleisen und Backen eine Waffel nach der anderen. Etwas abkühlen lassen und servieren.

Bananenmus mit Limette

Zutaten (Eine Person)

2 Bananen
1 Limette
150 g Sojajoghurt
1 EL Leinöl
1 EL Zitronensaft
20 g Hanfsamen

Die Bananen schälen und in kleine Stücke geschnitten in eine Schüssel geben. Dann schälen Sie die Limette und schneiden diese klein. Geben Sie alles zusammen in die Schüssel und pürieren Sie es. Dann Leinöl, Zitronensaft und den Hanfsamen dazu geben und noch einmal vermischen.

Fruchtcocktail Salat mit Samen

Zutaten (Eine Person)

1 Banane
1 Apfel
1 Birne
2 Mandarinen
150 g Sojajoghurt
1 EL Leinöl
20 g Hanfsamen
20 g Sesamsamen
10 g Leinsamen
1 TL Curry

Den Apfel und die Birne waschen und klein schneiden. Die Mandarinen schälen und klein schneiden. Nun schälen Sie die Banane und schneiden diese in kleine Stücke. Jetzt geben Sie die Früchte in eine Schüssel und mischen diese gut durch. Dann kommen das Sojajoghurt und das Leinöl dazu. Den Hanfsamen, Sesamsamen und Leinsamen streuen sie darauf und vermischen noch einmal. Anschließend ein wenig Curry darüber streuen und servieren.

Haferflocken mit Himbeeren

Zutaten (Zwei Personen)

100 g Haferflocken
300 g Himbeeren (frisch)
400 ml Wasser
30 g Mandelmus
100 ml Mandelmilch

Zuerst waschen Sie die Himbeeren. Dann geben Sie diese zusammen mit den Haferflocken, Wasser, Mandelmilch und dem Mandelmus in den Mixer und pürieren alles zu einem Shake. Dann bitte in zwei Gläser abfüllen und servieren.

Quark mit Samen und Datteln

Zutaten (Eine Person)

150 g Quark (mager)
30 g Haferflocken
20 g Leinsamen
20 g Hanfsamen
2 EL Leinöl
1 EL Zitronensaft
2 Datteln

Den Quark mit Leinöl gut vermischen. Dann geben Sie Leinsamen und Hanfsamen dazu. Der Zitronensaft und die zuvor klein geschnittenen Datteln werden gut eingerührt. Anschließend servieren.

Fruchtmix mit Gemüse

Zutaten (Eine Person)

½ Zucchini
2 Karotten
1 Apfel
1 Birne
100 g Heidelbeeren
100 g Himbeeren
150 g Sojajoghurt
1 EL Leinöl
1 EL Zitronensaft

Die Zucchini bitte waschen und in Scheiben schneiden. Dann waschen und schälen Sie die Karotte, die auch in kleine Stücke geschnitten wird. Den Apfel und die Birne waschen und klein schneiden. Apfel, Birne, Karotten und die Zucchini kommen in eine Schüssel und werden püriert.

Danach Sojajoghurt, Heidelbeeren und Himbeeren dazu geben und nur leicht vermischen. Es folgen Leinöl und Zitronensaft. Erneut leicht mischen, sodass die Beeren intakt bleiben.

Polenta Italiana

Zutaten (zwei Personen)

200 g Maisgrieß
70 g Gouda
1 Liter Brühe (Gemüse)
Margarine (frei von Milch)

Den Gouda bitte fein reiben. Die Gemüsebrühe bringen Sie in einem Topf zum Kochen und geben den Maisgrieß hinein. Dabei ist äußerste Vorsicht angebracht. Ständiges Rühren für etwa 5 Minuten ist Pflicht.

Dann geben Sie den geriebenen Gouda dazu und lassen für etwa 15 Minuten bei geringer Temperatur stocken. Den Gries können sie auf einem Backblech ausstreichen. Mit einem Messer oder Formen werden kleine Stücke ausgestochen. Darüber setzten sie kleine Flöckchen mit Margarine und backen die Polenta Stückchen für etwa 12 Minuten bei 180 Grad im Backofen.

Hafer Müsli mit Beeren

Zutaten (Eine Person)

60 g Haferflocken
40 g Joghurt (fettarm)
1 Apfel
60 ml Mandelmilch
30 g Heidelbeeren
20 g Mandeln
10 g Walnüsse
1 EL Leinöl

Den Apfel gut waschen und klein schneiden. Die Haferflocken kommen mit dem Joghurt und der Mandelmilch in eine Schüssel und werden gut vermischt. Die Mandeln und Walnüsse werden in kleine Stücke zerhackt und dann eingestreut. Anschießend geben Sie Leinöl und die Heidelbeeren dazu. Noch einmal vermischen und dann frisch servieren.

Frisches Fruchtmüsli

Zutaten (Eine Person)

50 g Haferflocken
40 g Joghurt (fettarm)
1 Birne
60 ml Mandelmilch
30 g Himbeeren
20 g Cashewkerne
1 EL Leinöl

Die Haferflocken werden ein Tag zuvor in Wasser eingelegt. So sind diese besser bekömmlich und können auch von Personen genossen werden, deren Magen - Darm - Trakt sonst Probleme bereitet.

Die Himbeeren bitte gut waschen. Die Birne wird gewaschen und klein geschnitten. In einer Schüssel mischen Sie die Haferflocken, Joghurt, Birne und die Mandelmilch. Dann geben Sie die Himbeeren, die zerkleinerten Cashewkerne und das Leinöl dazu. Zum Schluss noch einmal vermischen.

Kokos Müsli mit Samen

Zutaten (Eine Person)

50 g Haferflocken
40 g Joghurt (fettarm)
50 g Kokosflocken
30 ml Mandelmilch
1EL Zitronensaft
1 Mandarine
20 g Hanfsamen
1 EL Leinöl

Die Mandarine schälen und klein schneiden. In eine Schüssel kommen die Haferflocken, Joghurt, Mandelmilch, Mandarine und die Kokosflocken. Dann gut vermischen.

Geben Sie dann Leinöl und den Zitronensaft dazu. Anschließend noch einmal vermischen. Zum Schluss den Hanfsamen über dem Müsli verstreuen.

Wenn Sie Probleme bei der Verdauung haben, können die Haferflocken auch stark reduziert werden.

Mandelmilchshake mit Banane

Zutaten (Zwei Personen)

2 Bananen
450 ml Mandelmilch
30 g Mandelmus
100 ml Wasser

Die Bananen werden geschält. Dann geben Sie diese mit der Mandelmilch, dem Mandelmus und dem Wasser in den Mixer. Dann bitte in zwei Gläser abfüllen und frisch genießen.

Dinkelgrieß mit Birne

Zutaten (Zwei Personen)

4 EL Dinkelgrieß
700 ml Mandelmilch
20 Leinsamen
15 g Hanfsamen
1 Birne (süß)

In einem Topf bringen Sie die Mandelmilch kurz zum Kochen, rühren dann den Dinkelgrieß ein und waschen die Birne. Dann zerteilen Sie die Birne in kleine Stücke. Nachdem der Brei cremig geworden ist, streuen Sie die Birnenstückchen ein. Dann folgen der Hanfsamen und Leinsamen.

Vollkorn Avocado Brot

Zutaten (Eine Person)

1 Scheibe Vollkornbrot
½ Avocado
1EL Zitronensaft
10 Schnittlauch
1 EL Leinöl

Die Avocado mittig aufschneiden und mit dem Löffel das Fruchtfleisch entnehmen. Das Vollkornbrot mit Leinöl bestreichen. Darauf kommen nun die Avocado Stückchen, welche noch mit Zitronensaft beträufelt werden. Schließlich schneiden Sie noch den Schnittlauch klein und verstreuen diesen auf den Avocado Stückchen.

Vollkornbrot mit Pute

Zutaten (Eine Person)

1 Scheibe Vollkornbrot
1 EL Frischkäse
1 Tomate
30 g Putenbrust geräuchert
Pfeffer
Basilikum

Streichen Sie den Fischkäse auf das Brot. Die Putenbrust kommt mit der in Streifen geschnittenen Tomate auf das Brot. Dann wird noch mit etwas Pfeffer gewürzt und mit Basilikum garniert.

Nuss Müsli

Zutaten (Eine Person)

150g Haferflocken
100 ml Mandelmilch
1 Naturjoghurt (fettarm)
20 g Walnüsse
10 g Mandeln
20 g Cashewkerne
1EL Leinöl
10 g Sesamsamen

Die Haferflocken kommen mit den zerhackten Walnüssen, Mandeln und Cashewkernen in eine Schüssel. Dann geben Sie die Mandelmilch und das Naturjoghurt dazu. Alles gut vermischen. Es folgt noch Leinöl. Anschließend noch einmal vermischen. Zum Schluss noch den Sesamsamen darüber verstreuen und servieren.

Früchte Müsli

Zutaten (Eine Person)

200 g Haferflocken
½ Pfirsich
1 Aprikose
1 Naturjoghurt (1,5 % Fett)
40 ml Sahne
½ Apfel
1TL Zimt

Den Pfirsich und die Aprikose waschen und klein schneiden. Der Apfel wird klein gerieben. Nun kommen Pfirsich, Aprikose und der geriebene Apfel in eine Schüssel. Dann werden der Naturjoghurt und die Sahne dazu gegeben. Alles gut vermischen. Anschließend wird der Zimt noch hinzugefügt und vermischt.

Pfirsich Joghurt

Zutaten (Eine Person)

100 g Pfirsiche
100 g Aprikosen
200 g Joghurt (1,5 % Fett)
20 g Zimt
20 g Haferflocken
1 TL Zitronensaft
20 g Sesamsamen

Die Pfirsiche und Aprikosen gut waschen und in sehr kleine Stücke schneiden. Dann alles zusammen mit Haferflocken in eine Schüssel geben und den Joghurt unterrühren. Nun den Zitronensaft hineingeben. Anschließend mit dem Sesamsamen noch einmal vermischen und servieren.
Diese erfrischende Zwischenmahlzeit eignet sich auch, wenn mal keine Lust auf übliche Nahrung aufkommt.

Birnen Joghurt

Zutaten (Eine Person)

100 g Birne
100 g Apfel
200 g Joghurt (1,5 % Fett)
20 g Zimt
20 g Haferflocken
1 TL Zitronensaft
20 g Sesamsamen
10 g Hanfsamen

Die Birne und den Apfel bitte waschen und klein schneiden. Dann geben Sie das Obst zusammen mit Haferflocken in eine Schüssel. Den Joghurt bitte unterrühren. Nun den Zitronensaft hineingeben. Anschließend mit dem Sesamsamen und Hanfsamen noch einmal vermischen und servieren.

Vollkornbrot mit Gurken

Zutaten (Eine Person)

1 Scheibe Vollkornbrot
1 kleine Gurke
Senf
10 g Schnittlauch
½ TL Meerrettich

Die Gurke bitte waschen und in Scheiben schneiden. Das Vollkornbrot bestreichen Sie mit Senf und legen dann die Gurkenscheiben darauf. Anschließend mit Schnittlauch bestreuen, mit Meerrettich garnieren und servieren.

Himbeere Joghurt mit Melone

Zutaten (Eine Person)

100 g Himbeeren
100 g Wassermelone
200 g Joghurt (1,5 % Fett)
20 g Zimt
20 g Haferflocken
1 TL Zitronensaft
20 g Sesamsamen
10 g Hanfsamen

Die Himbeeren bitte gut waschen und in Hälften schneiden. Die Melone aufschneiden und das Fruchtfleisch mit einem Löffel ausschälen. Geben Sie das Obst zusammen mit dem Joghurt in eine Schüssel. Dann kommen Zimt, Zitronensaft, Haferflocken dazu und werden mit dem Obst und dem Joghurt vermischt.
Den Hanfsamen und Sesamsamen bitte einstreuen und noch einmal vermischen.

Vollkornbrot mit Avocado und Kresse

Zutaten (Eine Person)

1 Scheibe Vollkornbrot
1 Avocado
1EL Senf
1 EL Zitronensaft
10 g Schnittlauch
10 g Kresse

Das Vollkornbrot bestreichen Sie mit Senf. Die Avocado bitte aufschneiden, schälen und in Scheiben schneiden, sie kommen auf das Brot. Etwas Zitronensaft auf die Avocado streuen und den gewaschenen Schnittlauch sowie die Kresse darüber geben.

Vollkornbrot mit Tomaten

Zutaten (Eine Person)

1 Scheibe Vollkornbrot
2 kleine Tomaten
Senf
10 g Schnittlauch

Die Tomaten bitte waschen und in Scheiben schneiden. Das Vollkornbrot bestreichen Sie mit Senf und legen dann die Tomatenscheiben darauf. Anschließend mit Schnittlauch bestreuen.

Vollkornbrot mit Banane

Zutaten (Eine Person)

1 Scheibe Vollkornbrot
1 Banane
1 TL Leinöl
1 EL Zitronensaft
½ TL Zimt

Das Vollkornbrot bestreichen Sie mit Leinöl. Die Banane bitte schälen und in Scheiben schneiden, sie kommen auf das Brot. Etwas Zitronensaft auf die Banane streuen und den gewaschenen Schnittlauch sowie Zimt darüber geben.

Hauptgerichte

Ein verträglicher und gleichzeitig schmackhafter Mittagstisch ist möglich. Es muss nicht immer deftig sein. Feine und leichte Kost schont die Haut und fördert Ihr Wohlbefinden.

Ab und zu sind kleine Sünden erlaubt. Der Fokus liegt aber auf den bereits genannten, empfehlenswerten Lebensmitteln, die in Kombination mit guten Gewürzen eingesetzt werden. Dabei spielt Abwechslung eine große Rolle.

Ihr Körper wird sich nach kurzer Zeit auf die neue Ernährungsweise einstellen.

Wichtig: pflanzlich, leicht, verträglich, entzündungshemmend und ballaststoffreich sollte die Ernährung sein. Mit dieser Kombination erreichen Sie Ihr ideales Gewicht, schonen damit den Kreislauf, optimieren den Stoffwechsel und pflegen gleichzeitig die empfindliche Haut.

Bei allen Rezepten mit Salz ist es wichtig, möglichst wenig davon zu verwenden. Mit Gewürzen sollten Sie sehr sparsam umgehen, um nicht weitere Schübe auszulösen.

Kräuter Omelette

Zutaten (zwei Personen)

4 Eier
200 g Gurke
20 g Schnittlauch
20 g Dill
2 EL Rapsöl
30 g Lachs (geräuchert)
2 Tomaten
Salz
Pfeffer

Waschen Sie die Gurke und schneiden Sie anschließend diese in kleine Stücke. Dann werden die Eier aufgeschlagen und eine Schüssel gegeben. Bitte gut umrühren. Dill, Schnittlauch und die Tomaten bitte auch waschen und klein schneiden. Stellen Sie eine Pfanne mit Öl auf den Herd. Bei angezogener Temperatur geben Sie die Eier hinzu. Dann folgen nach kurzer Zeit die Tomaten, Gurke, Dill und Schnittlauch. Alles soll bei kleiner Temperatur dann stocken. Danach das Omelette aus der Pfanne in Teller geben und mit Pfeffer plus Salz würzen.
Den Lachs schneiden Sie ebenfalls in kleine Stücke, geben diese dann auf das Omelette.

Kartoffeln in Rahm mit Brokkoli

Zutaten (zwei Personen)

600 g Brokkoli
600 g Kartoffeln
300 ml Milch (fettarm)
Salz
Pfeffer
100g Frischkäse
10 g Kräutermischung
10g Hanfsamen

Erst waschen Sie den Brokkoli und zerteilen diesen in kleine Röschen. Dann schälen Sie die Kartoffeln, die in kleine Stückchen geschnitten werden. In einem Topf mit 200 ml Wasser und wenig Salz werden Kartoffeln für ca. 20 Minuten gekocht. Dann geben Sie den Brokkoli und die Milch dazu und dünsten noch für 5 Minuten. Jetzt kommt der Frischkäse dazu und wird erhitzt bis er schmilzt. Alles bitte gut vermischen und mit Pfeffer und Salz würzen. Dann können Sie noch den Hanfsamen darauf verstreuen und servieren.

Tomaten mit frischen Pilzen

Zutaten (Zwei Personen)

300 g Tomaten (nach Wahl)
350 g Champignons (möglichst frisch)
2 EL Rapsöl
1 Zehe Knoblauch
1 Zwiebel
230 g Schnittlauch
1 TL Zitronensaft
Salz
Pfeffer

Zunächst waschen Sie die Tomaten und die Pilze. Dann werden diese klein geschnitten. Knoblauch und die Zwiebel bitte schälen und ebenfalls klein schneiden. In einer heißen Pfanne mit Öl dünsten Sie die Zwiebel und den Knoblauch leicht an. Dann kommen die Tomaten und die Pilze hinzu.

Den Schnittlauch schneiden Sie klein. Nach etwa 15 Minuten unter ständigem Rühren geben Sie den Zitronensaft dazu und platzieren dann das Gemüse auf den Tellern. Zum Schluss noch mit Schnittlauch garnieren.

Gemüse aus dem Ofen

Zutaten (Zwei Personen)

300 g Kartoffeln
2 Zucchini
5 EL Olivenöl
8 Tomaten
200 g Karotten
7 g Petersilie
7 g Schnittlauch
Pfeffer
Salz

Die Kartoffeln schälen Sie und schneiden diese in kleine Stücke. Ähnlich wird mit den Karotten verfahren.
Dann waschen Sie die Zucchini und die Tomaten. Diese werden in Scheiben geschnitten. Geben Sie dann alles in eine Auflaufform und verteilen das Olivenöl großzügig darüber. Das Ofengemüse kommt für mindestens 25 Minuten in den Backofen und wird bei 180 Grad gegart. Nach 15 Minuten bitte gut vermischen, den gewaschenen und klein geschnittenen Schnittlauch sowie Petersilie hinzugeben und wieder in den Backofen stellen.

Bunter Eiersalat

Zutaten (Zwei Personen)

8 Eier
350 g Eisberg Salat
2 Tomaten
15 g Schnittlauch
10 g Hanfsamen
10 g Sesamsamen
2 EL Olivenöl
1 EL Essig
1 TL Senf
300 ml Wasser
Pfeffer
Salz

Die Eier werden etwa 7 Minuten in einem Topf mit Wasser hart gekocht und danach geschält. Dann schneiden Sie die Eier nach dem Abkühlen in Scheiben. Der Salat wird gewaschen und gezupft, sodass kleinere Stücke mundgerecht entstehen.

Nehmen Sie nun eine Schüssel und geben das Wasser, den Essig, das Olivenöl und den Senf dazu. Alles wird gut vermischt. Anschließend waschen Sie die Tomaten und schneiden diese in kleine Würfel. Nun kommt der Salat, die Eier, die Tomaten und der Schnittlauch in die Schüssel und werden vermischt. Dazu geben Sie Hanfsamen und Sesamsamen und würzen mit Salz und Pfeffer nach.

Reis mit Gemüse

Zutaten (Zwei Personen)

300 g Vollkornreis
2 EL Rapsöl
50 g Blumenkohl
80 g Spinat
1 EL Olivenöl
50 g Brokkoli
50 g Karotten
Salz
Pfeffer
Etwas Zitronensaft

Erst waschen Sie das Gemüse und zerteilen es in kleine Stücke. Es kommt für ca. 30 Minuten in den Dampfgarer. Den Reis kochen Sie in einem Topf mit Salzwasser für etwa 20 Minuten. Dann wird noch Olivenöl über das Gemüse gegeben und zusammen mit dem Reis serviert.

Bunte Gemüsepfanne

Zutaten (Zwei Personen)

4 Karotten
2 Paprika (rot)
2 Zucchini
250 g Weißkohl
1 Zwiebel
1 Zehe Knoblauch
2 EL Rapsöl
1 EL Weißwein
Pfeffer
Salz

Zuerst schälen Sie die Zwiebel und den Knoblauch und schneiden diese klein. Das Gemüse wird gewaschen und in kleine Würfel geschnitten. In einer Pfanne mit Öl dünsten Sie dann erst die Zwiebel und Knoblauch leicht glasig. Dann geben Sie das Gemüse hinzu. Nach etwa 5 Minuten geben Sie den Weißwein dazu und vermischen alles. Nach weiteren 5 Minuten würzen Sie noch mit Pfeffer und Salz und servieren das Gericht.

Feiner Rucola Salat mit Birnen

Zutaten (Zwei Personen)

40 g rote Linsen
4 Zwiebeln
1 Bund Rucola
5 Radieschen
1 Birne
2 EL Senf
Salz
Pfeffer
100 ml Gemüsebrühe
3 EL Olivenöl
3 EL Balsamessig
Essig
10 g Kresse
10 g Petersilie

Zunächst kochen Sie die roten Linsen in einem Topf mit Wasser weich. Das dauert etwa 15 – 20 Minuten. Die Linsen werden mit Essig, Olivenöl, Salz und Pfeffer mariniert. Dann zerkleinern Sie die Kresse und Petersilie. Die Zwiebeln werden geschält und in kleine Scheiben geschnitten. Die Radieschen bitte waschen und in kleine Stücke schneiden. Natürlich muss die Birne auch gewaschen werden. Diese schneiden Sie danach in kleine Spalten.
Geben Sie die Gemüsebrühe, Balsamessig, Senf und das Olivenöl in eine Schüssel und vermischen alles. Dann kommt alles in die Schüssel und wird noch einmal vermischt. Anschließend mit wenig Salz und Pfeffer würzen und ein paar Minuten ziehen lassen.

Gefüllte Zucchini mit Reis

Zutaten (Zwei Personen)

2 Zucchini
400 g Reis (Vollkorn)
2 Tomaten
20 g Schnittlauch
10 g Walnüsse
1 EL Olivenöl
1 Karotte
1 Paprika
1 EL Zitronensaft
Pfeffer
Salz

Das Gemüse wird gewaschen. Dann schneiden Sie die Zucchini in zwei Hälften und höhlen diese mit einem Löffel aus. Die Tomaten, die Karotte und die Paprika schneiden Sie klein und dünsten diese in einer Pfanne mit wenig Öl leicht an. Nun kochen Sie in einem Topf mit Wasser und Salz den Reis für etwa 15 Minuten. Der Reis kommt nun in die Pfanne mit dem Gemüse. Dann geben Sie Zitronensaft hinzu, vermischen alles gut und befüllen die Zucchinihälften damit. Die zuvor zerkleinerten Walnüsse plus Schnittlauch werden eingestreut. Dann mit Pfeffer und Salz ein wenig würzen und servieren.

Vollkorn Nudeln mit Gemüse

Zutaten (Zwei Personen)

150 g Karotten
100 g Sellerie
400 g Tomaten
2 EL Rapsöl
200 g Vollkorn Nudeln (die Form ist egal)
1 Zwiebel
1 Knoblauch Zehe
4 Stiele Basilikum
Kräuter
Etwas Schnittlauch
Tomatenmark
Petersilie
Salz
Pfeffer
Paprikapulver
20 g Parmesan Käse gerieben

Das Gemüse bitte ausgiebig waschen und klein schneiden. Die Zwiebel schälen und klein würfeln. Die Knoblauch Zehe auch schälen sowie klein schneiden.
Dann geben Sie etwas Rapsöl in eine Pfanne und dünsten die Zwiebel und Knoblauch an. Das Gemüse kommt dann hinzu und wird leicht gedünstet. Kräuter, Salz und Pfeffer bitte dazu geben. Das Tomatenmark wird anschließend eingerührt. Die Pfanne bitte zudecken und für 12 Minuten stocken lassen.

Die Nudeln werden für ungefähr 15 Minuten im Salzwasser gekocht. Basilikum waschen und die abgetrennten Blätter schneiden. Sobald die Nudeln fertig sind, werden diese abgeschüttet und in zwei Teller gegeben. Danach folgt das Gemüse aus der Pfanne plus Basilikum und dem geriebenen Parmesan Käse.

Bohnensalat mit Tofu

Zutaten (Zwei Personen)

250 g Bohnen (weiß) aus der Dose
2 Tomaten
150 g Tofu (gewürfelt)
1 Zehe Knoblauch
1 Zwiebel
1 TL Zitronensaft
2 EL Olivenöl
1 EL Essig
1TL Senf
Pfeffer
Salz

Nehmen Sie die Bohnen und geben Sie diese in eine Schüssel.
Tomaten bitte waschen und klein schneiden. Ebenso zerkleinern Sie den Tofu und geben beides in die Schüssel. In einer zweiten Schüssel vermischen Sie ein wenig Wasser mit Essig, Öl und dem Senf. Die Zwiebel und Knoblauch schälen und klein schneiden. Das Dressing und die Zwiebeln plus Knoblauch geben Sie in die Schüssel mit den Bohnen, Tomaten und Tofu. Nun wird alles gut vermischt, mit Salz und Pfeffer gewürzt und anschließend serviert.

Omelette mit Putenbrust

Zutaten (zwei Personen)

4 Eier
20 g Schnittlauch
200 g Putenbrust
2 EL Rapsöl
2 Tomaten
Salz
Pfeffer

Die Eier werden aufgeschlagen und in eine Schüssel gegeben. Bitte gut umrühren. Tomaten bitte auch waschen und klein schneiden. Stellen Sie eine Pfanne mit Öl auf den Herd. Bei angezogener Temperatur geben Sie die Eier hinzu. Dann folgen nach kurzer Zeit die Tomaten und Schnittlauch. Alles soll bei kleiner Temperatur dann stocken. Dann das Omelette aus der Pfanne in Teller geben und mit Pfeffer plus Salz würzen.
Die Putenbrust schneiden Sie ebenfalls in kleine Stücke, geben diese dann auf das Omelette.

Kürbis Salat mit Kohl

Zutaten (Eine Person)

350 g Speisekürbis
4 EL Olivenöl
1 EL Rapsöl
240 g Grünkern
100 g Rucola
Ein Apfel
Eine Zitrone
Pfeffer
Salz
2 TL Senf
Kräuter nach Wahl

Den Kürbis putzen, waschen und in kleine Stücke schneiden. Grünkern wird in einem Topf mit Salzwasser für etwa 25 Minuten gekocht. In einer Pfanne mit einem EL Rapsöl braten Sie die Kürbis Scheiben leicht an. Dann mit Salz und Pfeffer würzen.
Rucola wird gut gewaschen, zerteilt und in eine Schüssel mit Olivenöl (4 EL), Senf und Zitronensaft vermischt. Ebenfalls bitte mit Salz und Pfeffer nachwürzen. Den Apfel bitte waschen und in kleine Stücke zerteilen. Nun geben Sie Grünkern, Kürbis in die Schüssel mit dem Rucola und mischen gut durch. Wer noch etwas mehr „Inhalt" wünscht kann gern noch etwas gepufften Buchweizen einstreuen und erneut mischen.

Zarte Hähnchenbrust in Gemüse

Zutaten (Zwei Personen)

2 Hähnchenbrustfilets
300 g Karotten
200 g Sellerie
150 g Lauch
2 EL Rapsöl
Pfeffer
Salz
Schnittlauch
Petersilie
300 g Kartoffeln

Das Gemüse wird gewaschen, geschält (außer Sellerie) und in feine Streifen geschnitten. Es kommt zum kurzen Dünsten in den Dampfgarer. Das Fleisch wird ebenfalls gewaschen und getrocknet. Dann können Sie es mit Öl einstreichen und in der Heißluftfritteuse bei 180 Grad für ca. 30 Minuten erhitzen.
Währenddessen kochen Sie die zuvor geschälten und geteilten Kartoffeln im Topf mit Salzwasser für etwa 30 Minuten.
Danach werden die Kartoffeln in einer Pfanne mit Öl kurz angebraten. Das Gemüse auf zwei Teller verteilen, die Kartoffeln dazu geben und die Hähnchenbrust mit Petersilie und Schnittlauch bestreuen. Gewürzt wird dann noch mit Pfeffer und Salz.

Gemüsemischung mit Frucht

Zutaten (Zwei Personen)

2 gelbe Paprika
2 rote Paprika
1 Zucchini
1 Apfel
1 Karotte
1 Aubergine
6 EL Balsamessig
6 EL Olivenöl
1 Zehe Knoblauch
Salz
Pfeffer
30 g Rucola
Thymian
20 g geriebener Käse

Zuerst muss das Gemüse ausgiebig gewaschen werden. Dann schneiden Sie die Paprika in kleine Streifen. Die Karotte und die Zucchini werden in Scheiben geschnitten. Die Aubergine schneiden Sie ebenfalls in Scheiben und dünsten diese mit Öl leicht in der Pfanne an. Danach gegen Sie das andere Gemüse hinzu und braten es für etwa 10 Minuten an. Salz, Pfeffer und den zerdrückten Knoblauch gegen Sie dazu und vermischen alles in der Pfanne. Nach 5 Minuten legen Sie den Thymian darauf.

Dann kommt das Gemüse in eine Auflaufform. Mit Balsamessig, Olivenöl, Salz und Pfeffer wird es noch mariniert. Den gewaschenen Rucola legen Sie mit dem Käse auf das Gemüse und richten an.

Curry Huhn in Reis

Zutaten (Zwei Personen)

170 g Reis (Vollkorn)
220 g Hähnchenbrustfilet
2 EL Rapsöl
1 TL Kurkuma
2 Paprika
1 Tl Curry
Salz
Pfeffer

Den Reis kochen Sie in einem Topf mit Wasser und Salz für etwa 25 Minuten. Inzwischen waschen Sie die Paprika und schneiden diese klein. Das Filet bitte auch gründlich waschen und dann trocknen. Dann schneiden sie es in kleine Stückchen. Nun folgt das Erhitzen einer Pfanne mit Öl. Geben Sie die Fleischstückchen dazu und braten diese kurz beidseitig an. Dann geben Sie das Gemüse hinzu und braten es für ca. 5 Minuten. Dann kommt der Reis mit Kurkuma dazu und wird mit dem Fleisch und dem Gemüse vermischt. Anschließend noch mit Pfeffer und Salz etwas würzen und servieren.

Traditionelle Forellen Filets mit Kartoffeln und Gemüse

Zutaten (Zwei Personen)

250 g Forellenfilets
150 ml Gemüsebrühe
200 g Kartoffeln
200 g Karotten
150 g Paprika (rot)
Zitronensaft
Salz
Pfeffer
Rapsöl

Die Kartoffeln bitte schälen, klein schneiden und in einem Topf mit Salzwasser für etwa 15 Minuten kochen. Das Gemüse waschen, klein schneiden und in einer Pfanne mit Öl andünsten und danach mit Schnittlauch garnieren. Die Forellenfilets werden gewaschen, getrocknet, mit Zitronensaft verfeinert und dann mit Pfeffer und Salz gewürzt. Anschließend werde diese in einer Pfanne mit der Gemüsebrühe für etwa 15 Minuten gedünstet. Dann wird alles auf zwei Tellern serviert.

Gemüsemix mit Vollkorn Nudeln

Zutaten (zwei Personen)

1 Zwiebel
150 g Sellerie
1 rote Paprikaschote
1 Zehe Knoblauch
100 g Möhren
250 g Tomaten
180 g Vollkorn Nudeln
1 EL Rapsöl
Paprika
Salz
Pfeffer
Basilikum
1 TL Tomatenmark
15 g Parmesan
5 g italienische Kräuter

Die Zwiebel bitte schälen und klein schneiden. Die Paprika wird gewaschen und in kleine Würfel geschnitten. Sellerie waschen und klein schneiden. Die Möhren werden geschält, gewaschen und gewürfelt. Tomaten bitte waschen und würfeln. Den Knoblauch bitte schälen und klein schneiden.
Nun geben Sie Rapsöl in eine Pfanne und dünsten die Zwiebel und den Knoblauch leicht an. Danach kommen Paprika, Sellerie, Möhren, Tomaten und etwas Tomatenmark in die Pfanne und werden kurz angebraten. Dabei mit Pfeffer, Paprikapulver und Salz würzen.
Sie decken dann die Pfanne für etwa 15 Minuten zu.

Die Vollkornnudeln werden in einem Topf mit Salzwasser für etwa 10 Minuten gargekocht. Das Basilikum bitte waschen und zupfen. Der Parmesan wird kurz gehobelt. Dann geben Sie die Nudeln in die Teller und die Gemüsebolognese kommt darüber. Anschließend streuen Sie die Basilikum Blätter darüber und garnieren das Gericht mit Parmesan Käse.

Zucchini Streifen mit Seelachs

Zutaten (Zwei Personen)

3 Zucchini
200 g Seelachsfilets
2 EL Olivenöl
1 Avocado
Zitronensaft
Sesamsamen
Pfeffer
Salz

Die Zucchini waschen und dann längs in Nudelform klein schneiden. Die Seelachsfilets zerkleinern, mit Pfeffer und Salz würzen und in der Heißluftfritteuse bei 160 Grad mindestens für 25 Minuten garen. Dann die Zucchini Streifen mit Salz in einem Topf für etwa 3 Minuten kochen.
Die Avocado aufschneiden, entkernen und mit einem Löffel das Fruchtfleisch herausholen. Den Lachs zusammen mit den Zucchini Streifen anrichten. Avocado mit Zitronensaft mischen und servieren. Den Sesamsamen über das Gericht streuen.

Kartoffeln mit Paprika

Zutaten (Zwei Personen)

600 g Kartoffeln
2 Zehen Knoblauch
3 EL Olivenöl
2 Paprika
1 Zwiebel
Salz
Pfeffer
Petersilie

Die Paprika waschen und in Streifen schneiden.
Die Kartoffeln bitte schälen, in einem Topf mit etwas Salz für etwa 20 Minuten kochen und klein schneiden. Dann kommen diese in eine Pfanne mit Olivenöl, das zuvor erhitzt wurde. Den Knoblauch schälen und klein schneiden. Das Gleiche geschieht mit der Zwiebel. Wenn die Kartoffeln etwas braun sind, kommen Knoblauch, Zwiebel, Paprika, Salz und Pfeffer dazu.

Pute exotisch

Zutaten (Zwei Personen)

250 g Putenbrust
1 Stange Lauch
2 EL Rapsöl
120 g Karotten
120 g Paprika (rot, gelb)
2 EL Sojasauce
100 g Zuckerschoten
Pfeffer
Salz
250 g Reis (Natur)
Hanfsamen

Zuerst schälen und waschen Sie die Karotten, schneiden diese in kleine Scheiben und verfahren mit der Paprika genauso. Das Fleisch teilen Sie in kleine Portionen auf. Den Lauch waschen Sie und schneiden ihn in kleine Stücke.

Die Sojasauce bitte in einer Schüssel mit Öl, Salz und ein wenig Pfeffer mischen. Dann legen Sie das Fleisch für etwa 15 Minuten in die Schüssel.

Nun geben Sie Öl in eine Pfanne, braten das Fleisch kurz an. Dann kommt das Gemüse hinzu und wird gedünstet. Die Zuckerschoten werden dann ebenfalls gebraten. Mischen Sie alles mehrfach gut durch und lassen es dann bei kleiner Temperatur stehen. Den Reis kochen sie in einem Topf mit Salzwasser für etwa 15 Minuten. Beides wird dann auf zwei Tellern vermischt, mit Salz und Pfeffer noch gewürzt, mit Hanfsamen garniert und serviert.

Seelachs mit Tomaten, Zucchini und Birnen

Zutaten (Zwei Personen)

2 Seelachsfilets
150 g Lauch
400 g Tomaten
1 Zucchini
2 EL Rapsöl
2 EL Zitronensaft
Pfeffer
Salz
Schnittlauch
1 Birne
20 g Hanfsamen
½ TL Senf

Das Gemüse bitte waschen und klein schneiden. Es kommt danach in eine Pfanne mit Öl und wird mit Pfeffer und Salz gewürzt sowie leicht gedünstet.

Die Birne bitte waschen und in kleine Scheiben schneiden.
Der Fisch wird mit Öl bestrichen, mit Pfeffer und Salz gewürzt und in der Heißluftfritteuse bei 200 Grad für etwa 25-30 Minuten gegart.

Auf den Fisch geben Sie Zitronensaft, etwas Senf und richten die zwei Teller mit dem Gemüse an. Darauf verstreuen Sie noch Schnittlauch, Hanfsamen und Petersilie.

Zarte Fischfrikadellen mit Joghurt

Zutaten (Zwei Personen)

3 Kartoffeln
300 g Fisch (nach Wahl Lachs, Seelachs)
1 Zitrone
2 Zwiebeln
15 g Petersilie
15 g Dill
1 Ei
Pfeffer
Salz
3 EL Rapsöl
1 Becher Naturjoghurt (1,5%Fett)

Die Kartoffeln werden geschält und in einem Topf mit Salzwasser für 30 Minuten gekocht.
Dann zerdrücken Sie die Kartoffeln zu einer Masse. Der Fisch wird sehr klein geschnitten. Die Zwiebeln werden geschält und klein geschnitten. Dann raspeln Sie die Zitrone. Nun kommt alles in eine Schüssel und wird zu 6 – 8 Frikadellen geformt. Stellen Sie eine ausreichend große Pfanne mit Rapsöl auf den Herd und braten Sie die Frikadellen etwa 7 Minuten pro Seite an. Zum Schluss servieren Sie die Frikadellen mit dem Joghurt.

Kräuter mit Ei und Salat

Zutaten (Zwei Personen)

3 Eier
1 Bund Schnittlauch
Ein wenig Petersilie
1/5 Kopfsalat
2 EL Rapsöl
2 Scheiben Vollkornbrot
Salz
Pfeffer

Den Salat bitte waschen und kleinschneiden. Ebenso werden der Schnittlauch und die Petersilie gewaschen und klein geschnitten. Nun schlagen Sie Eier auf, verrühren diese in einer Schüssel und geben etwas Salz hinzu. In einer Pfanne erhitzen Sie etwas ÖL und geben dann die Eier dazu. Dann bitte die Temperatur reduzieren und stocken lassen. Es folgt das Einstreuen von Schnittlauch und Petersilie. Nun mit Pfeffer und Salz würzen, die kleinen Salatblätter hinzugeben und noch einmal kurz stocken lassen. Zusammen mit Vollkornbrot servieren.

Gemüse Tofu

Zutaten (Zwei Personen)

300 g Tofu
3 Tomaten
2 Zehen Knoblauch
80 g Lauch
1 Zucchini
Pfeffer
Salz
Thymian
2 EL Walnussöl

Den Tofu trocknen lassen und in Scheiben schneiden. Knoblauch schälen und klein schneiden. Die Tomaten und der Lauch werden gewaschen und in Würfel bzw. kleine Scheiben geschnitten.
Die Zucchini bitte waschen und in Scheiben schneiden. Alles kommt in eine flache Schüssel oder Form, wird mit Öl bestrichen, mit Salz und Pfeffer gewürzt, mit Thymian bestückt und im Ofen bei 180 Grad für 25 Minuten gebacken.
Als Ergänzung dazu eignet sich Vollkornbrot.

Rucola mit Tomaten in Olivenöl

Zutaten (Zwei Personen)

300 g Rucola
200 g Tomaten
1 Zehe Knoblauch
1 Zwiebel
30 ml Olivenöl
1 Zitrone

Rucola und die Tomaten gut waschen. Den Rucola klein schneiden und die Tomaten vierteln. Den Knoblauch und die Zwiebel bitte schälen und klein schneiden. Der Saft der ausgepressten Zitrone wird mit dem Olivenöl gemischt und geschlagen, sowie mit Pfeffer gewürzt. Dann kommen Knoblauch und Zwiebel in dem zuvor vorbereiteten Dressing. Dann mischen Sie Dressing, Rucola und Tomaten gut durch. Nach 10 Minuten servieren.

Avocado Brokkoli Salat

Zutaten (Zwei Personen)

1 Kopf Brokkoli
1 Avocado
3 EL Olivenöl
Essig
Zitronensaft
Salz
Senf
Pfeffer
25 g Sesamsamen

Den Brokkoli waschen und in Röschen zerteilen. Dann kommt er für etwa 7 Minuten in den Dampfgarer. Die Avocado schälen, in dünne Scheiben schneiden und diese mit etwas Zitronensaft bestreichen.
In eine Schüssel kommen Öl, etwas Wasser, ein kleiner Spritzer Essig und Senf. Gut durchmischen. Nun gibt man den Brokkoli und die Avocado hinzu. Dann noch den Sesamsamen darüber streuen.

Zarter Feldsalat mit Pilzen

Zutaten (Zwei Personen)

150 g Feldsalat
150 g Kartoffeln
150 g Champignons
150 ml Gemüsebrühe
4 EL Olivenöl
4 EL Balsamessig
1 Zwiebel
Salz
Pfeffer
15 g Sesamsamen
10 g Hanfsamen

Den Feldsalat gut waschen und in Röschen zerteilen. Die Kartoffeln werden geschält, klein geschnitten und mit Olivenöl bestrichen. Dann können diese in der Heißluftfritteuse für etwa 15 Minuten gegart werden. Die Zwiebel wird geschält und klein geschnitten.

Die Pilze bitte in einer kleinen Pfanne mit etwa Öl anbraten. In einer Schüssel mischen Sie den Essig, mit etwas Olivenöl und der Gemüsebrühe. Dann geben Sie ein wenig Salz und mehr Pfeffer dazu. Anschließend kommen Feldsalat, Kartoffeln, Pilze und Zwiebel in die Schüssel und werden mit dem Dressing vermischt. Zum Schluss streuen Sie Sesamsamen und Hanfsamen über den Salat.

Melone Ricotta Salat

Zutaten (Zwei Personen)

1 Cantaloupe Melone
240 g Zuckererbsen
100 g Ricotta Salat
2 Zweige Estragon
4 EL Zitronensaft
4 EL Olivenöl
Pfeffer
Salz

Die Melone wird entkernt und in dünne Scheiben geschnitten.
Die Zuckererbsen werden ebenfalls in Scheiben geschnitten. Zuvor müssen Sie noch die Fäden entfernen. Der Salat wird gewaschen und in Scheiben gehobelt.
Dann kommt alles zusammen mit dem Zitronensaft und dem Olivenöl in eine Schüssel und wird vermischt. Mit Pfeffer und wenig Salz noch nachwürzen und dann servieren.

Feiner Fenchel Salat mit Orange

Zutaten (Zwei Personen)

2 Orangen (süß)
4 Knollen Fenchel
2 EL Essig
4 EL Sesamöl
Pfeffer
Salz
40 g Cashewkerne
1 TL Knoblauch Flocken

Die Orangen sollten Sie schälen, entkernen und in kleine Stücke schneiden. Der Fenchel wird gewaschen. Entfernen Sie bitte den Strunk. Dann den Fenchel in dünne Streifen schneiden und in eine Schüssel geben.
Nun geben Sie Essig, etwas Öl sowie die Knoblauch Flocken in die Schüssel und mischen gut durch. Dann können Sie die Orangen dazu geben. Zum Schluss geben Sie die Cashewkerne hinzu und mischen noch einmal durch.

Pikanter Fenchel Salat mit Radichio

Zutaten (Zwei Personen)

½ Radichio
½ Knolle Fenchel
20 g Parmesan
2 Walnüsse
1 EL Balsamico
2 EL Olivenöl
Pfeffer
Salz

Radichio waschen, Strunk wegschneiden und trocknen und in kleine Stücke abtrennen. Fenchel ebenfalls wachen, Grün wegschneiden, Strunk entfernen und den Rest klein hobeln.

Die Walnüsse werden klein gehackt. Dann geben sie etwas Olivenöl, Essig, Salz und Pfeffer in eine Schüssel und vermischen es gut. Jetzt geben Sie den Radichio, Fenchel, Nüsse und den Parmesan Käse in die Schüssel und vermischen erneut.

Limetten Reis mit Chili

Zutaten (Zwei Personen)

300 g Vollkorn Reis
3 EL Olivenöl
500 ml Hühnerbrühe
1 Zwiebel
3 Zehen Knoblauch
2 rote Chilischoten
1 EL Limetten Abrieb
Petersilie
½ Bund Koriandergrün
Pfeffer
Salz

Knoblauch, Zwiebel, Petersilie, Koriandergrün mit 150 ml Hühnerbrühe kommen in den Mixer zum Pürieren. Dann kommt Öl in einen Topf und wird kurz erhitzt. Den Reis geben Sie in den Topf zum Anrösten. Die zuvor pürierte Masse wird dann dazu gegeben und mit dem Reis gut vermischt. Stets gut umrühren!

Etwa 2 Minuten kochen lassen und dann die restliche Hühnerbrühe dazu geben. Dann für 15 Minuten auf kleiner Flamme kochen lassen und den Topf mit dem passenden Deckel schließen. Danach mit Pfeffer und wenig Salz würzen und servieren.

Achtung: Chili erst einmal nur sehr sparsam verwenden, um keinen Trigger auszulösen.

Spritziger Obstsalat mit Mandeln

Zutaten (Zwei Personen)

2 Bananen
1 Orange
1 Zitrone
2 Mandarinen
1 Apfel
1EL Leinöl
1TL Zimt
25 g Mandeln

Der Apfel wird gewaschen und klein geschnitten. Die Orange, Mandarinen und die Bananen schälen und ebenfalls klein schneiden. Nun kommt alles in eine Schüssel und wird gut vermischt. Die Zitrone in zwei Hälften schneiden und den Saft einer halben Zitrone über der Schüssel auspressen. Dazu geben Sie das Leinöl, den Zimt und die zerkleinerten Mandeln. Dann wird alles noch einmal vermischt und anschießend serviert.

Lachsfilets mit Spargel

Zutaten (Zwei Personen)

600 g Spargel
2 Lachsfilets
300 g Kartoffeln
3 EL Olivenöl
Petersilie
Senf
Eine Zitrone
Pfeffer
Salz

Den Spargel bitte schälen und in einem Topf mit Salzwasser für etwa 25 Minuten kochen. Die Lachsfilets werden mit wenig Salz und Pfeffer gewürzt und in der Heißluftfritteuse bei 200 Grad für mindestens 20 Minuten gegart. Ab und zu mit Olivenöl bestreichen.

Die Kartoffeln werden geschält und im Topf mit Wasser und Salz für 25 Minuten gekocht. 100 ml Olivenöl mischen Sie dem Saft einer Zitronenhälfte und Senf hinzu, bis die Sauce cremig wird. Dazu kommen ein wenig Salz und Pfeffer.

Die Kartoffeln mit Petersilie garnieren. Die Sauce kann über die Spargel und Kartoffel verteilt werden.

Karotten Salat in rote Beete

Zutaten (Zwei Personen)

350 g Karotten
300 g rote Beete
1 Zitrone
250 g Kopfsalat
2 EL Olivenöl
Salz
Pfeffer
Senf
100 g Schafskäse

Die rote Beete bitte sehr gründlich waschen und in eine Schüssel raspeln. Vorsicht: Da rote Beete schnell einfärben, sollten Sie Handschuhe tragen. Die Karotten werden auch gewaschen, geschält und in die Schüssel gerieben.

Dann schneiden Sie die Zitrone in zwei Hälften und pressen den Saft einer Hälfte über der Schüssel aus. Der Salat wird gewaschen, zerteilt und in die Schüssel gegeben. Dann schneiden Sie den Schafskäse in kleine Würfel. In die Schüssel kommen nun der Schafskäse, Zitronensaft der anderen Hälfte, Essig, Öl, Salz und Pfeffer. Alles wird gut durchgemischt.

Leichtes Gemüse Omelette

Zutaten (Zwei Personen)

4 Eier
1 Zwiebel
1 rote Paprika
Pfeffer
Salz
4 EL Milch (1,5% Fett)
6 Champignons
30 g würziger Käse am Stück
Petersilie
Rapsöl

Die Zwiebel bitte schälen und klein schneiden. Die Eier aufschlagen und in einer Schüssel mit Pfeffer und etwas Salz und der Milch vermischen. Die Pilze werden gereinigt und in Scheiben geschnitten.

Dann waschen Sie die Paprika und schneiden diese in Streifen. Der Käse wird fein gerieben. Stellen Sie eine Pfanne auf den Herd und geben Sie Öl dazu. Sobald diese erhitzt ist, kommen die Zwiebel, die Paprika und die Pilze dazu. Alles sollte etwa 3,5 Minuten angedünstet werden. Jetzt können Sie die Eier darüber gießen und alles etwa 10 Minuten stocken lassen. Sobald das Omelette fertig ist, wird Petersilie darüber gestreut.

Blatt- und Kohl Salat mit Gurken

Zutaten (Eine Person)

1 Gurke
½ rote Paprika
250 g Chinakohl
200 g Feldsalat
2 EL Leinöl
1 EL Essig
Senf
Pfeffer
Salz
25 g Leinsamen
25 g Hanfsamen

Die Gurke waschen und in Scheiben schneiden. Die Paprika, den Feldsalat und den Chinakohl waschen und klein schneiden.

In eine Schüssel geben Sie Öl, Essig, etwas Senf, Pfeffer und Salz. Dann gut vermischen. Das Dressing nun mit dem Salat vermischen und den Leinsamen sowie den Hanfsamen darüber verstreuen.

Reis Salat mit Tomaten und Paprika

Zutaten (Zwei Personen)

100 g Reis (Vollkorn)
2 Paprika
2 Tomaten
300 ml Gemüsebrühe
2 EL Olivenöl
Senf
2 Zehen Knoblauch
2 TL Rotweinessig
Pfeffer
Schnittlauch

Der Reis wird in der Gemüsebrühe gargekocht. Paprika und Tomaten bitte waschen und klein schneiden. Knoblauch bitte schälen und klein schneiden.

In einer Schüssel vermischen Sie Olivenöl, Senf, Essig und den zerdrückten Knoblauch. Dann kommen die übrigen Zutaten in die Schüssel und werden gut vermischt und mit Pfeffer gewürzt. Nach etwa 20 Minuten servieren.

Joghurt Kartoffelsalat

Zutaten (Zwei Personen)

3-4 Kartoffel
½ Gurke
400 g Joghurt (1,5% Fett)
50 g Schnittlauch
20 g Petersilie
1EL Olivenöl
Pfeffer
Salz

Die Kartoffeln schälen und in einem Topf mit Wasser und Salz garkochen. Die Gurke waschen, halbieren und in kleine Scheiben schneiden. Schnittlauch und Petersilie klein schneiden. Nach dem Kochen werden die Kartoffeln eine Weile abgekühlt. Dann schneiden Sie diese in kleine Stücke, die in eine Schüssel gegeben werden. Dazu kommen Gurke, Joghurt, Schnittlauch und Petersilie. Alles bitte gut vermischen. Dann etwas Öl dazu geben und erneut mischen. Zum Schluss mit Pfeffer und Salz würzen.

Zucchini Paprika Salat

Zutaten (Eine Person)

1 rote Paprika
1 Apfel
1 Zucchini
1 EL Rapsöl
1 EL Essig
10 g Schnittlauch
Pfeffer
Salz
Senf
20 g Haselnüsse

Die Paprika, den Apfel und die Zucchini waschen und zerteilen. Alles in einer Schüssel vermischen. Die Haselnüsse werden kleingehackt. In eine Schüssel kommen etwas Essig, Öl, Senf und Schnittlauch. Dann Pfeffer und Salz dazu geben und gut vermischen. Anschließend geben Sie das Dressing in die andere Schüssel mit den Paprika, Apfel und Zucchini und vermischen erneut.

Fruchtiger Rotkohl Salat

Zutaten (Zwei Personen)

½ Kopf Rotkohl
150 g Lauch
1 Zwiebel
4 Mandarinen (süß)
100 g Heidelbeeren
2 EL Olivenöl
Salz
Pfeffer
1 EL Essig
Senf
Kräuter
Petersilie
Minze
Prise Zimt

Den Rotkohl waschen, klein hobeln. Die Mandarinen schälen (Kerne entfernen) und in Scheiben schneiden. Petersilie und Lauch klein schneiden. Die Heidelbeeren gut waschen. Alles zusammen mit der Minze in eine Schüssel geben.
In einer anderen Schüssel das Dressing mit wenig Essig, Wasser, Öl, Pfeffer und Salz mischen.
Danach den Inhalt der ersten Schüssel in die zweite Schüssel geben und gut mischen. Etwas für 20 Minuten stehen lassen. Dann eine Prise Zimt einstreuen und servieren.

Avocado Salat mit Birne

Zutaten (Eine Person)

1 Avocado
1 Birne
150 g Eisbergsalat
1 Zwiebel
Essig
2 EL Olivenöl
Pfeffer
Salz
Zitronensaft
Senf
Schnittlauch
1 EL Sesamsamen

Die Avocado wird geschält und in kleine Stücke geschnitten.
Ebenso wird die gewaschene Birne in kleine Stücke geschnitten.
Die Zwiebel schälen und klein schneiden.
Den Eisbergsalat waschen, zerkleinern und zusammen mit der Avocado, der Zwiebel und der Birne in eine Schüssel geben und vermischen.
In eine weitere Schüssel etwas Wasser, Öl, etwas Essig, ein TL Zitronensaft und Senf nach Bedarf geben. Gut vermischen und den Inhalt in die Schüssel mit dem Salat geben. Dann wieder vermischen.
Zum Schluss etwas Schnittlauch und den Sesamsamen darüber verstreuen.

Feldsalat mit Pilzen

Zutaten (Eine Person)

200 g Feldsalat
120 g Champignons (Glas)
2 EL Rapsöl
1 EL Essig
1 Zwiebel
Salz
Pfeffer
Senf

Der Feldsalat muss gut gewaschen werden. Dann in kleine Röschen zerteilen.

Die Pilze ebenfalls waschen und klein schneiden. Nun geben Sie ÖL, Essig etwas Salz, Pfeffer und Senf in eine Schüssel. Dann gut vermischen.

Die Zwiebel wird geschält und kleingeschnitten. Sie kommt ebenfalls in die Schüssel. In die Schüssel mit dem Dressing geben Sie jetzt den Salat und die Pilze. Noch einmal vermischen und dann servieren.

Hausmacher Kartoffelsalat

Zutaten (Zwei Personen)

3-5 Kartoffel
1 Zwiebel
3 EL Rapsöl
1 EL Essig
1/2 EL Senf
20 g Schnittlauch
Pfeffer
Salz

Die Kartoffel bitte schälen und in einem großen Topf mit Wasser und Salz für etwa 20 - 25 Minuten kochen. Nach dem Abkühlen schneiden Sie die Kartoffeln klein. Die Zwiebel schälen und klein schneiden.
In eine Schüssel kommen Kartoffel, Zwiebel, Rapsöl, Essig, Senf und Schnittlauch. Alles wird gut vermischt. Dann mit Pfeffer und Salz würzen.

Reis Salat mit Orange

Zutaten (Zwei Personen)

250 g Reis (Vollkorn)
1 Orange (süß)
200 g Chinakohl
100 Kopfsalat
1 Tomate
Petersilie
Pfeffer
Essig
Senf
Salz
Olivenöl
2 Esslöffel Gepresster Orangensaft
2 Esslöffel getrocknete Heidelbeeren

Der Reis wird im Topf mit Salz und Wasser gargekocht (etwa 12-15 Minuten).
Es folgt das Reinigen und Schneiden des Chinakohls, des Kopfsalats und der Tomate. Die Orange wird geschält, gesäubert und in kleine Scheiben geschnitten.
Pfeffer, Salz, Wasser, Essig, Senf, Orangensaft und das Olivenöl in eine Schüssel geben und gut durchmischen. Dann mit Salz und Pfeffer noch nachwürzen, falls nötig. Anschließend den Reis, den Chinakohl, den Kopfsalat, die Tomate, Petersilie und die Orange in die Schüssel geben und mischen. Dann streuen Sie noch die getrockneten Heidelbeeren ein.

Süßer Avocado Salat

Zutaten (Eine Person)

1 Avocado
1 Birne
150 g Eisbergsalat
1 Zwiebel
Essig
2 EL Olivenöl
Pfeffer
Salz
Zitronensaft
Senf
Schnittlauch
1 EL Sesamsamen

Die Avocado wird geschält und in kleine Stücke geschnitten.
Ebenso wird die gewaschene Birne in kleine Stücke geschnitten. Die Zwiebel schälen und klein schneiden.
Den Eisbergsalat waschen, zerkleinern und zusammen mit der Avocado, der Zwiebel und der Birne in eine Schüssel geben und vermischen.
In eine weitere Schüssel etwas Wasser, Öl, etwas Essig, ein TL Zitronensaft und Senf nach Bedarf geben. Gut vermischen und den Inhalt in die Schüssel mit dem Salat geben. Dann wieder vermischen.
Zum Schluss etwas Schnittlauch und den Sesamsamen darüber verstreuen.

Blumenkohl Salat

Zutaten (Eine Person)

150 g Blumenkohl
2 Karotten
Eine Paprika
Olivenöl
Salz
Pfeffer
1 Teelöffel Leinsamen
1 Teelöffel Hanfsamen
1 Teelöffel Sesam Samen
Essig
Senf

Den Blumenkohl und die Karotten erst waschen, klein schneiden und leicht im Dampfgarer andünsten.
Die Paprika waschen in Scheiben schneiden.
In eine Schüssel, Öl, Essig, Wasser, Senf, Salz und Pfeffer geben und mischen.
Dann den Blumenkohl, Karotten und Paprika in die Schüssel geben und erneut mischen. Nun streuen Sie den Sesamsamen, Leinsamen und Hanfsamen ein. Anschließend servieren.

Bunter Karotten Salat

Zutaten (Eine Person)

3 Karotten
350 g Chinakohl
2 rote Zwiebeln
30 g Mandeln
20 g Sesamsamen
Olivenöl
1 frische Ingwer Knolle
Essig
Senf
Honig
Pfeffer
Salz
Sojasauce
Sesamöl

Die Karotten waschen und längs in kleine Streifen schneiden. Den Chinakohl waschen und ebenfalls längs in Streifen schneiden. Beides in eine Schüssel geben. Dann die Sojasauce, den geriebenen Ingwer (50 g) hineingeben.

Nun in eine weitere Schüssel Essig, Salz, Pfeffer, Öl, etwas Wasser, Honig (1 TL) geben und gut mischen. Karotten und Chinakohl in die Schüssel mit dem Dressing geben und mischen. Die Mandeln und den Sesamsamen in einer kleinen Pfanne kurz anrösten und auf dem Salat verstreuen.

Kartoffel mit Quark

Zutaten (Eine Person)

4 Kartoffel
200 g Quark (mager)
Wasser
1EL Leinöl
15 g Schnittlauch
15 g Petersilie
Salz
Pfeffer

Die Kartoffeln werden geschält und in einem Topf mit Wasser und Salz für etwa 20 Minuten gargekocht. Den Quark mit Wasser, Leinöl vermischen und dann mit Pfeffer und Salz würzen. Dann den klein geschnittenen Schnittlauch und Petersilie über den Quark verstreuen. Zusammen mit den Kartoffeln servieren.

Kartoffel mit Avocado

Zutaten (Zwei Personen)

500 g Kartoffeln
1 Avocado
10 g Zitronensaft
Salz
Pfeffer
5 g Schnittlauch

Die Kartoffeln schälen Sie und kochen diese für etwa 25 Minuten in einem Topf mit Salzwasser. Die Avocado wird in zwei Hälften geschnitten, entkernt und das Fruchtfleisch bitte mit einem Löffel ausschälen. Dann würzen Sie die Kartoffeln mit Salz und Pfeffer, geben das Fruchtfleisch der Avocado hinzu und geben noch Zitronensaft über die Avocado. Garnieren Sie die Kartoffeln noch mit etwas Schnittlauch.

Sellerie Salat mit Rucola

Zutaten (Zwei Personen)

200 g Sellerieknolle
1 Paprika
3 EL Nussöl
1 Bund Rucola
1 TL Zitronensaft
1 EL Essig
Senf
Pfeffer
Stevia

Sellerie, Paprika und Rucola gründlich waschen. Alles wird klein geschnitten und mit Zitronensaft und etwas Wasser vermischt. Dann Öl, Essig, etwas Senf, eine Prise Stevia und Pfeffer in eine Schüssel geben und vermischen. Sellerie, Paprika und Rucola kommen dann in diese Schüssel und werden mit dem Dressing vermischt.

Frisches Zwiebelomelette

Zutaten (Eine Person)

3 Eier
2 Zwiebeln
50 g Vollkornbrot
1EL Rapsöl
Salz
Pfeffer
20 g Leinsamen
20 g Sesamsamen
10 ml Sojasauce

Die Eier aufschlagen und in ein Gefäß schütten und durchrühren, sodass sich Eiweiß und Eigelb verbinden. Nun schälen Sie die Zwiebeln und schneiden diese in kleine Stücke.

In eine Pfanne kommen nun Rapsöl und die Zwiebeln. Diese werden angedünstet. Dann bitte die Eiermasse dazu geben und für etwa 5 Minuten stocken lassen und regelmäßig wenden. Mit Pfeffer und Salz würzen. Dann das in kleine Würfel geschnittene Vollkornbrot, den Leinsamen und Sesamsamen dazu geben und mit der Sojasauce bestreuen.

Forelle Gemüse Mix

Zutaten (Eine Person)

1 frische Forelle
½ Paprika
150 g Chinakohl
100 g Eisbergsalat
1 Karotte
2 EL Olivenöl
1 EL Essig
50g Vollkornbrot
Pfeffer
Salz
Senf
1EL Meerrettich (Glas)

Die Forelle waschen, entgräten und klein schneiden. Den Chinakohl, Paprika und Eisbergsalat waschen und klein schneiden. Die Karotte waschen, schälen und klein hobeln.
Das Brot in kleine Würfel schneiden. Nun geben Sie den Salat, die Paprika, die Karotte in eine Schüssel.

In einer anderen Schüssel mischen das Dressing mit Öl, Essig, Wasser, Pfeffer Salz und Senf. Dann Salz und Gemüse mit dem Dressing vermischen. Nun verteilen Sie den Salat auf den Tellern und geben jeweils kleine Stückchen Fisch mit Meerrettich darüber.

Nun streuen Sie noch die kleinen Brotwürfel darüber.

Blumenkohl Brokkoli Salat

Zutaten (Eine Person)

100 g Blumenkohl
150 g Brokkoli
2 Karotten
1 Paprika
Olivenöl
Salz
Pfeffer
1 Teelöffel Leinsamen
1 Teelöffel Hanfsamen
1 Teelöffel Sesam Samen
Essig
Senf

Den Blumenkohl mit den Brokkoli und den Karotten erst waschen, klein schneiden und leicht im Dampfgarer andünsten.
Die Paprika waschen in Scheiben schneiden.
In eine Schüssel, Öl, Essig, Wasser, Senf, Salz und Pfeffer geben und mischen.
Dann den Blumenkohl, Brokkoli, Karotten und Paprika in die Schüssel geben und erneut mischen. Nun streuen Sie den Sesamsamen, Leinsamen und Hanfsamen ein.
Anschließend servieren.

Leichte Forelle auf Vollkornbrot

Zutaten (Zwei Personen)

2 Scheiben Vollkornbrot
120 g Forelle
1 Zwiebel
1EL Rapsöl
1EL Zitronensaft
10 g Petersilie
10 g Schnittlauch
Salz
Pfeffer
1TL Meerrettich (Glas)

Jedes Brot wird mit Rapsöl bestrichen. Dann schälen Sie die Zwiebel, zerkleinern diese und geben die Stücke auf die Brote. Die Brote würzen Sie mit wenig Salz und Pfeffer und geben diese dann in den Backofen, wo sie bei 180 Grad für etwa 10 Minuten gebacken werden.
Dann schneiden Sie die Forelle in kleinere Stücke und belegen damit die Brote.
Nun kommen noch Zitronensaft, Schnittlauch, Meerrettich und Petersilie auf die Forelle.

Tomatensalat mit Paprika

Zutaten (Eine Person)

6 Tomaten
1 Paprika
Olivenöl
Salz
Pfeffer
1 Teelöffel Leinsamen
1 Teelöffel Hanfsamen
1 Teelöffel Sesam Samen
Essig
Senf

Die Tomaten werden gewaschen und in kleine Scheiben geschnitten. Die Paprika ebenso waschen in Scheiben schneiden.

Nun geben Sie In eine Schüssel, Öl, Essig, Wasser, Senf, Salz und Pfeffer und mischen gut durch. Dann kommen Tomaten und die Paprika in die Schüssel. Zum Schluss geben Sie Leinsamen, Hanfsamen und Sesamsamen dazu.

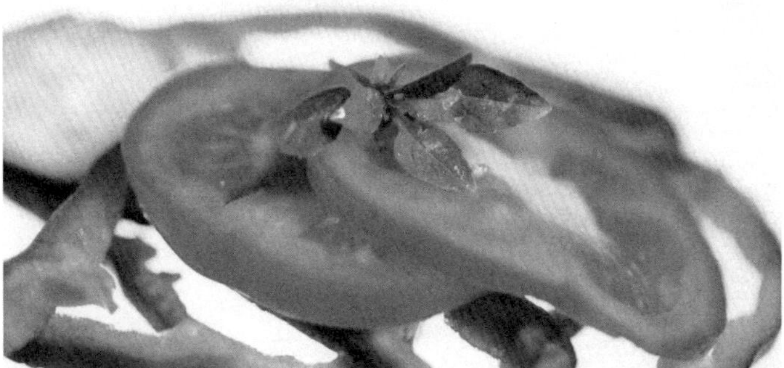

Gebackene Zucchini mit Lachs

Zutaten (Zwei Personen)

2 Zucchini
150 g Vollkornbrot
200 g Lachs
1EL Zitronensaft
Salz
Pfeffer
15 g Schnittlauch
25 g geriebener Käse

Die Zucchini werden in zwei Hälften geschnitten und mit dem Löffel ein Stück weit ausgehöhlt. Das Vollkornbrot schneiden Sie kleine Stücke und erhitzen diese in der Heißluftfritteuse für etwa 10 Minuten bei 160 Grad.

Wenn diese schön kross gebacken sind, geben sie die Stückchen in die Zucchinihälften und schieben diese bei 180 Grad für 15 Minuten in den Ofen zum Backen.

Der Lachs wird währenddessen gewaschen, portioniert und mit Pfeffer und Salz gewürzt. Er kommt für etwa 20 Minuten in die Heißluftfritteuse. Nach ca. 10 Minuten streuen Sie den Käse über die Zucchinihälften. Sobald alles fertig ist, werden die Zucchinihälften noch mit dem Schnittlauch garniert. Der Zitronensaft wird über dem Lachs verteilt.

Linsensalat mit Tomaten

Zutaten (Eine Person)

120 g Linsen
6 Tomaten
Petersilie
2 Zwiebeln
Eine Hand voll Pistazien
Pfeffer
Salz
Kräuter
2 EL Olivenöl
1 EL Essig
Zitronensaft
25 g Geriebener Käse

Erst werden die Linsen für etwa 30 Minuten im Topf mit Salz gekocht. Dann die Zwiebeln schälen und klein schneiden.
Geschälte Pistazien in einer kleinen Pfanne kurz anrösten und dann in eine Schüssel mit den klein geschnittenen Tomaten, den Linsen und der ebenfalls geschnittenen Petersilie geben.

In einer zusätzlichen Schüssel etwas Wasser mit Salz, Öl, wenig Essig, Zitronensaft und Pfeffer geben und gut mischen.
Dann über die Linsen verteilen noch einmal mit Pfeffer und Salz würzen. Anschließend den geriebenen Käse über das Gericht streuen und servieren.

Omelette mit Pilzen

Zutaten (Eine Person)

30 g Zwiebeln
25 g Champignons
35 g Butter
2 Eier
Wasser
Salz Pfeffer
Petersilie

Zuerst schneiden Sie die Pilze und die Zwiebel klein und geben sie mit Butter in einer Pfanne zum Anbraten. Im zweiten Schritt geben Sie die Eier in eine Schale mit etwas Wasser und mischen diese gut durch. Mit ein wenig Salz und Pfeffer würzen.

Erneut kommt Butter in eine Pfanne und wird erhitzt. Geben Sie die Masse (Ei) rein. Erst gut erhitzen, dann herunterschalten und stocken lassen. Wenn das Omelett fest wird geben Sie die Pilze mit den Zwiebeln und der Petersilie darauf und klappen es um.

Kohl Salat mit Joghurt

Zutaten (Eine Person)

200 g Kartoffeln
100 g Blumenkohl
100 g Chinakohl
70 g Paprika
100 g Karotten
2 Tomaten
1 Naturjoghurt (10 % Fett)
Petersilie
Pfeffer
Essig
Senf
Salz
Olivenöl

Die Kartoffeln schälen und auf ein Backblech mit Backpapier geben. Den Blumenkohl, die Karotten und Paprika, waschen und in kleine Stücke schneiden.

Die Kartoffeln nun mit Öl, Pfeffer und Salz einstreichen und bei 200 Grad im Ofen für 30 Minuten backen. Nach 17 Minuten den Ofen öffnen und das Gemüse auf das Backblech geben. Zuvor gut mit Pfeffer und Salz würzen.

Die Tomaten werden klein geschnitten. Nun geben Sie Öl, Essig, Wasser, Senf, Salz und Pfeffer in eine Schüssel und mischen gut durch. Auf einer Platte Kartoffel, Gemüse anrichten, Joghurt dazu geben und das Dressing darüber geben. Petersilie klein geschnitten einstreuen.

Spargel Salat mit Reis

Zutaten (Eine Person)

450 g weißer Spargel
200 g Reis (Vollkorn)
200 g Tomaten
Petersilie
1 El Essig
Salz
1,5 El Olivenöl
Zitronensaft
Eine Zehe Knoblauch
30 g Lauch
25 g Mandeln

Den Spargel waschen, schälen und auf ein Backblech (Backpapier) ausbreiten, mit Olivenöl bestreichen. Bei 180 Grad in den Ofen schieben und für 20 Minuten erhitzen.

Den Reis im Topf mit Wasser und Salz für etwa 15 Minuten garkochen. Die Mandeln werden in einer kleinen Pfanne geröstet.

Dann geben sie bitte Salz, Pfeffer, Öl, Wasser, Zitronensaft, die zerdrückte Zehe Knoblauch und den geschnittenen Lauch in eine Schüssel und mischen gut durch.

In einer weiteren Schüssel mischen Sie den Reis mit Tomaten, Spargel und geben das Dressing darüber. Zum Schluss streuen Sie die gerösteten Mandeln über den Salat und servieren ihn.

Feine Ofenkartoffel mit Lachs

Zutaten (Zwei Personen)

4 Kartoffeln
200 g Lachsfilets
20 g Sesamsamen
20 g Hanfsamen
3 EL Rapsöl
Pfeffer
Etwas Minze
Salz
1EL Zitronensaft

Die Kartoffel waschen, schälen und vierteln. Der Lachs wird gewaschen und in 50 g Stücke portioniert. Anschließend den Lachs mit Pfeffer und Salz würzen. Die Kartoffeln werden mit Rapsöl eingestrichen und mit Pfeffer und Salz gewürzt.
Nun kommen diese zusammen mit dem Lachs auf ein Backblech (mit Backpapier). Den Backofen auf 200 Grad anheizen und das Blech hineinschieben. Nach etwa 35 Minuten mit einer Gabel prüfen, ob die Kartoffeln gar sind. Falls ja, auf einem Teller anrichten, Zitronensaft und etwas Minze über dem Lachs verteilen.

Blumenkohlauflauf

Zutaten (Zwei Personen)

200g Blumenkohl
300 g Kartoffeln
Rapsöl
Pfeffer
Muskat
50ml Milch
50 ml Sahne
20 g geriebener Käse
50 ml Gemüsebrühe

Kartoffeln und Blumenkohl in kleine Scheiben bzw. Stücke schneiden. Alles zusammen im Dampfgarer für 25 Minuten garen oder in Salzwasser im Topf auf dem Herd garen.

Die Kartoffeln und den Blumenkohl in eine mit Öl gefettete Form geben und mit Pfeffer und Muskat würzen.

In einem Topf ein wenig Mehl erhitzen, dann mit Gemüsebrühe und Sahne ablöschen. Nach etwa 8 Minuten die Sahne hinzugeben und den geriebenen Käse ausdauernd einrühren. Anschließend wird mit Salz und Pfeffer noch gewürzt.
Dann geben Sie die Sauce über den Auflauf und bestreuen ihn mit geriebenem Käse.

Es folgt das Backen bei 200 Grad für 25 Minuten im Ofen.

Lachs mit Gemüsemischung

Zutaten (Zwei Personen)

200 g tiefgekühlter Lachs
200 g Reis (Vollkorn)
100 g Brokkoli
50 g Paprika
50 g Chinakohl
Pfeffer
Salz
Schnittlauch
Wasser
Kräuter

Der Reis wird im Topf mit etwas Salz für etwa 12 Minuten gekocht. Bevor der Lachs in die Heißluftfritteuse kommt, würzen Sie ihn mit Pfeffer und etwas Salz. Dann gart er in der Fritteuse für 20 Minuten bei etwa 170 Grad.

Das gewaschene Gemüse schneiden Sie klein und garen es bei kleiner Temperatur im Dampfgarer oder alternativ in der Mikrowelle mit etwas Wasser bei 600 Watt für 1,5 – 2 Minuten.

Reis und Gemüse wird dann gemischt und mit Pfeffer und Kräutern leicht gewürzt. Zuletzt streuen Sie noch Schnittlauch über den Gemüsereis und servieren ihn mit dem Lachs auf einem Teller.

Kartoffel mit Avocado

Zutaten (Eine Person)

2 Kartoffel
Eine Avocado
½ Zwiebel
1 Tomate
1 EL Leinöl
Zitronensaft
Pfeffer
Salz

Die Kartoffeln schälen, im Topf mit Wasser und Salz garkochen. Dann schneiden Sie die Avocado auf und schaben das Fruchtfleisch mit einem Löffel aus. Es kommt in den Mixer.

Die Tomate bitte waschen und klein schneiden. Die Zwiebel schälen und kleinschneiden. Die Hälfte davon kommt mit der Tomate und dem Leinöl in den Mixer. Mit etwas Zitronensaft gut vermischen. Die fertigen Kartoffeln werden dann klein aufgeschnitten und der Avocado Mix wird darüber gegeben.

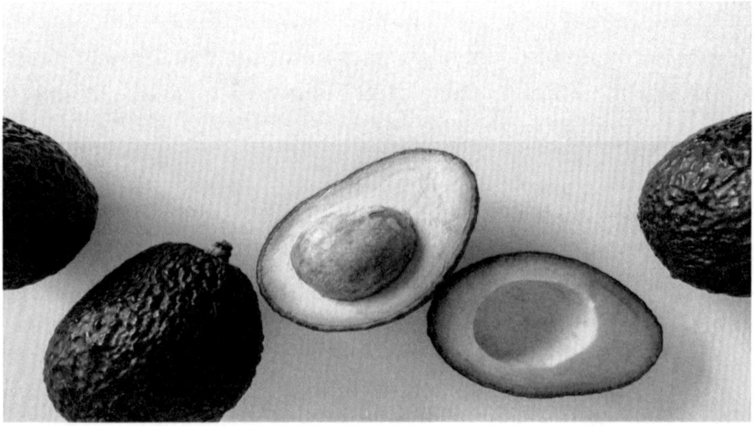

Spargel Toast überbacken

Zutaten (Eine Person)

Ein kleines Glas mit Spargel
2 Scheiben Vollkornbrot
Senf
1 EL Rapsöl
2 Scheiben fettarmer Käse
Etwas Schnittlauch und Petersilie
1TL Zimt

Die Vollkornbrot Scheiben bestreichen Sie mit Senf. Dann legen Sie den Spargel auf und platzieren jeweils eine kleine Scheibe Käse darauf. Jetzt kommen die Toasts in den Backofen, der auf 170 Grad erhitzt wird. Nach etwa 10 Minuten nehmen Sie die Toasts heraus und streuen Schnittlauch und Petersilie darüber.

Grünes Gemüse mit Reis

Zutaten (Eine Person)

250 g Reis (Vollkorn)
100 g Brokkoli
50 g Zucchini
50 g Chinakohl
1 EL Sesamöl
1 EL Sojasauce
20 g Leinsamen
20 g Hanfsamen
Salz
Pfeffer

Den Reis kochen Sie im Topf mit reichlich Wasser und wenig Salz für etwa 15 Minuten. Das Gemüse wird erst gewaschen und dann zerteilt bzw. klein geschnitten. Es kommt für ca. 5 Minuten in den Dampfgarer bis es leicht angedünstet ist. Danach mit Pfeffer und Salz würzen.

Nun vermischen sie den Reis mit dem Gemüse und geben Sesamöl und die Sojasauce dazu. Wieder vermischen. Zum Schluss streuen Sie den Leinsamen und Hanfsamen über das Gericht.

Pfirsich Toast mit Käse

Zutaten (Eine Person)

2 Scheiben Vollkornbrot
1 Pfirsich
Senf
1 EL Rapsöl
2 Scheiben fettarmer Käse
Etwas Schnittlauch und Petersilie
1TL Zimt
2 Datteln

Die Vollkornbrot Scheiben bestreichen Sie mit Senf. Den Pfirsich bitte gut waschen und in kleine Scheiben schneiden.

Dann legen Sie die Pfirsich Scheiben auf das Bot und platzieren jeweils eine kleine Scheiben Käse darauf. Jetzt kommen die Toasts in den Backofen, der auf 170 Grad erhitzt wird. Nach etwa10 Minuten nehmen Sie die Toasts heraus und streuen Schnittlauch und Petersilie darüber. Die Datteln werden klein geschnitten und darüber verstreut.

Gemüseomelette mit Chili

Zutaten (Eine Person)

3 Eier
100 g Paprika
100 g Weißkohl
100 g Zucchini
1 Zwiebel
Chili
Pfeffer
Salz
2 EL Rapsöl

Die Paprika, den Weißkohl und die Zucchini waschen und klein schneiden. Die Zwiebel bitte schälen und zerkleinern. Die Eier aufschlagen und in eine kleine Schüssel geben und gut mischen.

Dann geben Sie etwas Öl in eine bereits heiße Pfanne. Danach kommen die Zwiebeln hinein. Wenn diese angedünstet wurden, geben Sie das Gemüse dazu. Dann nach kurzer Zeit bitte die Eier dazu geben und stocken lassen. Anschließend kommen noch Chili (je nach Bedarf) hinzu. Mit Pfeffer und Salz nachwürzen und servieren.

Paprika Zucchini Gemüse Pfanne

Zutaten (Zwei Personen)

3 Zucchini
2 große Paprika
2 Zwiebeln
1 Zehe Knoblauch
2 EL Rapsöl
Pfeffer
Salz
Petersilie
Schnittlauch

Das Gemüse wird gewaschen und in Scheiben geschnitten.
Die Zwiebel und Knoblauch Zehe bitte schälen und klein schneiden.
Eine Pfanne mit Öl erhitzen und die Zwiebel plus Knoblauch dazu geben. Dann kommen die Paprika und Zucchini dazu. Stets mehrfach wenden. Nach etwa 7-9 Minuten streuen Sie Petersilie und Schnittlauch nach Belieben darüber und servieren das Gericht.

Fischfilets mit Reis und Gemüse

Zutaten (Zwei Personen)

180 g Fischfilets (z.B. Seelachs)
200g Paprika
200g Gurken
200g Karotten
150 g Erbsen
220 g Reis (Vollkorn)
150 ml Gemüsebrühe
10 g Dill
2 EL Rapsöl
Salz
Pfeffer

Der Reis wird im Topf mit Salzwasser für etwa 20 Minuten gekocht.

Die Paprika, Gurken, Karotten und Erbsen werden gewaschen und zerkleinert. Dann geben Sie die gewaschenen und mit Pfeffer verfeinerten Fischfilets in eine Pfanne mit Rapsöl und braten diese auf beiden Seiten etwa 10 Minuten an.

Danach geben Sie das Gemüse dazu und dünsten es zusammen mit dem Fisch für 7 Minuten.

Die Gemüsebrühe gießen Sie über den Fisch, und das Gemüse. Geben Sie noch Dill auf den Fisch. Dann servieren Sie den Reis zusammen mit dem Fisch und dem Gemüse. Bei Bedarf noch etwas mit Salz würzen.

Gemüse Frucht Pfanne

Zutaten (Eine Person)

200 g Weißkohl
200 g Zucchini
150 g Paprika
1 Zwiebel
1 Apfel
1 Birne
2 EL Rapsöl
½ EL Sojasauce
Pfeffer
Salz

Den Weißkohl, die Zucchini und Paprika waschen und in kleine Stücke zerteilen. Die Zwiebel wird geschält und klein geschnitten.

Apfel und Birne bitte waschen und klein schneiden. Nun stellen Sie eine größere Pfanne auf den Herd und erhitzen diese. Dann geben Sie Öl in die Pfanne, dann die Zwiebel dazu geben und kurz andünsten lassen.
Anschließend kommen Gemüse und Früchte hinzu. Diese werden kurz angebraten.

Dann die Temperatur reduzieren und stocken lassen.

Jetzt gießen Sie die Sojasauce über das Gericht und würzen noch mit Pfeffer und Salz.

Avocado Ananas Mix

Zutaten (Zwei Personen)

1 reife große Avocado
150 g Frischkäse
200 g frische Ananas
20 g Sesamsamen
20 g Hanfsamen
1TL Curry
1 TL Zimt

Schneiden Sie die geschälte Avocado in zwei Hälften und entfernen Sie den Kern. Der Frischkäse wird mit der Ananas zusammen püriert und kommt in die Mulde der Avocado Hälften bzw. darüber hinaus. Dann bestreuen Sie alles mit Curry, Hanfsamen und Sesamsamen.

Gemüsepfanne mit Pilzen

Zutaten (Zwei Personen)

200 g Champignons
200 g grüne Bohnen
80 g Karotten
2 Zehen Knoblauch
2 Paprika
1 Zwiebel
1 EL Rapsöl
200 ml Gemüsebrühe
10 g Schnittlauch
10 g Petersilie
Pfeffer
Salz

Das Gemüse bitte gründlich waschen und klein schneiden, die Zwiebel und Knoblauch Zehe schälen und klein hacken.

Eine Pfanne mit Öl erhitzen, die Zwiebel, Karotten, Paprika und Knoblauch dazu geben und leicht andünsten. Dann kommen noch die Pilze dazu.
Nach etwa 7 Minuten geben Sie die Bohnen dazu. Dann mit der Gemüsebrühe ablöschen und mit wenig Salz und Pfeffer würzen.

Reis Salat mit roter Beete

Zutaten (Zwei Personen)

220 g Reis (Vollkorn)
2 rote Beete
30 g getrocknete Heidelbeeren.
Olivenöl
Pfeffer
Salz
Senf
Petersilie
60g Feta Käse
Ein Esslöffel Sesamsamen
Essig (Balsamico)
1 Zehe Knoblauch

Erst wird der Reis im Topf mit Salz und Wasser gargekocht.

Die rote Bete schälen, in kleine Scheiben schneiden und auf dem Backblech mit Olivenöl bestreichen, mit Salz und Pfeffer würzen und bei 180 Grad im Backofen 35 Minuten rösten.

Essig, Salz, Öl, etwas Wasser, Senf, zerdrückter Knoblauch in eine Schüssel geben und gut mischen.

Den Reis geben Sie nun mit den Heidelbeeren und der klein gehackten Petersilie in die Schüssel und mischen durch. Dann folgt die rote Bete. Der Feta Käse wird mit dem Sesamsamen darüber verteilt.

Reis mit Gemüse

Zutaten (Zwei Personen)

200g Paprika
200g Gurken
200g Karotten
150 g Erbsen
220 g Reis (Vollkorn)
150 ml Gemüsebrühe
Salz
Pfeffer

Das Gemüse wird erst gereinigt und dann in kleine Stücke geschnitten. Dann kochen Sie den Reis in einem Topf mit Salzwasser. Bitte nicht zu viel Salz verwenden. Paprika, Erbsen und Karotten kurz im Dampfgarer andünsten. Dann können Sie den Reis mit dem Gemüse mischen, mit Salz und Pfeffer würzen und in Tellern servieren.

Chinakohl Salat mit Mango

Zutaten (Zwei Personen)

1 Chinakohl
6 Zehen Knoblauch
6 Schalotten
2 Chilischoten
1 EL Kokosöl
Eine reife Mango
25 g Mandeln
Schnittlauch
1 Limone
2 TL Sojasauce
Limonensaft
130 g Kokosnussmilch

Chinakohl waschen und zerteilen oder in kleine Stücke schneiden. Die Mango klein schneiden.

Chilischoten in Scheiben schneiden. Schalotten in Scheiben schneiden. Den Knoblauch zerkleinern bzw. leicht zerdrücken.
In einer tiefen Pfanne die Chilischoten, Knoblauch und Schalotten für etwa 8 Minuten anbraten.

In einer Schüssel, Kokosnussmilch, Sojasauce, Schnittlauch und Limonensaft mischen.

Nun die Mango und den Chinakohl in eine Schüssel geben und das Dressing darüber verteilen. Dann Chili, die angebratenen Schalotten und Knoblauch in die Schüssel geben, leicht vermischen und die zerkleinerten Mandeln darüber geben.

Braune Linsen mit Pilzen

Zutaten (Zwei Personen)

350 g Linsen
25 g Steinpilze
220 g Weißkohl
200g Champignons
Olivenöl, Salz
Pfeffer
1 Karotte
1 Zwiebel
Essig
Thymian
40 g Tomaten
2 Zehen Knoblauch
Petersilie
50 ml Weißwein

Erst geben Sie die Steinpilze in eine Schüssel mit kochendem Wasser. Für etwa 25 Minuten stehen lassen. Danach die Pilze aus dem Wasser nehmen.
Linsen, zerteilte Karotte, geschnittene Zwiebel und Thymian in einen Topf geben und kochen lassen. Nach kurzer Zeit auf kleine Flamme stellen und 30 Minuten auf dem Herd lassen.

Danach Thymian entfernen und die Linsen in eine Schüssel geben.
Über die Linsen Öl und Essig verteilen.
Den geschnittenen Weißkohl für etwa Minuten 15 im Topf mit Salz kochen. Nun die Pilze zusammen in einer Pfanne mit Öl anbraten.
Der zerdrückte Knoblauch und die Tomaten kommen auch in die Pfanne. Jetzt kommen der Weißwein und dann das Kochwasser der Pilze hinzu. Alles weiter kochen lassen.
Die angebratenen Pilze und den Weißkohl hinzugeben und immer wieder rühren.

Wenn ein großer Teil des Wassers verkocht ist, alles in die Schüssel mit den Linsen geben, mit Salz und Pfeffer würzen und Petersilie darüber geben.

Vollkorn Nudelsalat

Zutaten (Zwei Personen)

450 g Dinkel Nudeln
300 g Tomaten (Cherry)
80 g magerer Schinken
1 Zwiebel
130 g Käse (z.B. Mozzarella) nach Wahl
50 g geriebener Käse
Pfeffer
Salz
Schnittlauch
Senf
Essig
50g Rucola
Basilikumblätter

In einem großen Topf werden die Nudeln mit viel Wasser und wenig Salz bissfest gekocht.
Den Schinken in einer kleinen Pfanne mit Öl leicht anrösten (2-3 Minuten). Die Zwiebel schälen und zerkleinern. Die Tomaten werden gewaschen und geviertelt. Dann die Nudeln, Schinken, Tomaten die Zwiebel und den Käse samt Basilikum Blätter und Rucola in eine Schüssel geben und mischen. Oliven plus Essig darüber geben, mit Salz und Pfeffer würzen und dann vermischen. Anschließend geriebenen Käse über den Salat streuen.

Feine Puten Filets mit Reis

Zutaten (Zwei Personen)

400 g Putenbrustfilet
400 g Reis (Vollkorn)
1 Zwiebel
3 Lauchzwiebeln
Curry
100 g Schlagsahne
150 g Gemüsebrühe
Salz
Pfeffer
Etwas Mehl

Das Filet waschen, trocknen, in kleine Stücke schneiden und mit Salz und Pfeffer würzen. Mit etwas Öl in der Pfanne anbraten und wieder herausnehmen.

Dann scheiden Sie die zuvor gewaschenen Zwiebeln klein. Die Lauchzwiebeln können in Ringe geschnitten werden. Diese werden zusammen in der Pfanne mit Öl kurz angebraten.

Nun kommt ein wenig Mehl, das Currypulver hinzu. Beides sollte unter ausdauerndem Rühren kurz angebraten werden.

Dann geben sie die Sahne plus Gemüsebrühe hinein. Alles wird mit dem Putenfleisch gekocht und mit Salz und Pfeffer gewürzt.

Der Reis wird im Topf parallel für ca. 12 Minuten gargekocht.
Anschließend kann das Gericht serviert werden.

Bohnensalat mit Tomaten

Zutaten (Zwei Personen)

1 Dose Bio Bohnen gemischt (350 g)
1 Gurke
200 g Tomaten (Cherry)
1 Zehe Knoblauch
1 Zwiebel
Petersilie
Salz
Pfeffer
Minze
2 EL Olivenöl
Zitronensaft

Die Gurken und Tomaten werden gewaschen und klein geschnitten. Sie kommen mit den Bohnen in eine Schüssel.

Die Zwiebel wird geschält und zerkleinert. Die Knoblauchzehe einfach zerdrücken und auch samt der Zwiebel in die Schüssel geben. Dann kommen noch Petersilie und Minze in die Schüssel.

In einer weiteren Schüssel werden Olivenöl, Zitronensaft, Pfeffer und Salz vermischt. Nun gibt man das Dressing über den Bohnensalat und mischt noch einmal durch.

Reis Gemüse Mix

Zutaten (Zwei Personen)

300g Reis (Vollkorn)
1 Zwiebel
200 g Brokkoli
50 g Erbsen
50 g Chinakohl
2 Zehen Knoblauch
1,5 Esslöffel Tomatenmark
Curry
1 Esslöffel Ingwer
Sojasauce
Pfeffer
Salz
Rapsöl

Den Reis im Topf mit Salz und Wasser für etwa 15 Minuten garkochen. Den Brokkoli, die Erbsen und den Chinakohl waschen und zerteilen. In einer tiefen Pfanne Öl erhitzen, die zerkleinerte Zwiebel, Knoblauch und Ingwer dazu geben und etwa 5 Minuten anbraten.

Jetzt Curry, Ingwer und Tomatenmark hinzugeben und für zwei Minuten kochen. Dabei bitte stets umrühren, damit nichts anbrennt. Nun den Reis dazu geben und für 10 Minuten kochen.

Danach geben Sie die Sojasauce dazu und mischen alles gut durch. Dann wird der Chinakohl, der Brokkoli und die Erbsen dazu gegeben und bei abgedeckter Pfanne für 5 Minuten gegart. Bei Bedarf noch mit Pfeffer nachwürzen.

Suppen

Suppen gehören auch zu einer ausgewogenen Ernährung. Allerdings sollten diese eher lauwarm genossen werden. Lassen Sie die Suppen also nach dem Kochen etwas abkühlen, bevor diese serviert werden.

Der Grund liegt darin, dass heiße Suppen die Speiseröhre reizen und führen zur vermehrten Durchblutung der Haut, was die Rosacea eher wieder aufblühen lässt.

Gemüse Kartoffelsuppe

Zutaten (Zwei Personen)

1 Zucchini
2 Karotten
100 g Weißkohl
150 g Kartoffeln
Pfeffer
Salz
0,5 Liter Gemüsebrühe
Rapsöl

Erst waschen Sie das Gemüse, schälen es und schneiden es klein. Die Kartoffeln werden in einem Topf mit Wasser und Salz gargekocht (ca. 20 Minuten). Dann kommen Zucchini, Karotten, der Weißkohl sowie die Gemüsebrühe dazu. Lassen Sie alles für etwa 15 Minuten dünsten. Dann würzen Sie mit Pfeffer und Salz und pürieren die Suppe mit einem Pürierstab.

Feine Karottensuppe

Zutaten (Zwei Personen)

8 Karotten
500 ml Gemüsebrühe
20 g Schnittlauch
10 g Petersilie
1TL Curry
1 EL Sahne
Pfeffer
Salz

Zuerst schälen und waschen Sie die Karotten. Diese schneiden Sie in kleine Stücke oder pürieren sie im Mixer. Dann kochen Sie die Gemüsebrühe in einem Topf. Geben sie die Karotten dazu und kochen diese für etwa 20 Minuten. Geben Sie Sahne dazu.

Schnittlauch und Petersilie bitte waschen und klein schneiden und zusammen mit dem Curry in die Suppe geben. Alles gut vermischen. Zum Schluss wird mit Pfeffer und Salz gewürzt.

Linsensuppe mit Tomaten

Zutaten (Zwei Personen)

150 g rote Linsen
1 Zwiebel
1 Zehe Knoblauch
1 EL Rapsöl
400 ml Gemüsebrühe
250 g passierte Tomaten
1TL Kümmel (gemahlen)
1 TL Curry
Salz
Pfeffer
Zitronensaft

Zuerst schälen Sie die Zwiebel und die Knoblauch Zehe und schneiden diese klein. Dann dünsten Sie Knoblauch und Zwiebel in einer Pfanne mit etwas ÖL leicht an und geben dann die passierten Tomaten hinzu.

Geben Sie die Linsen dazu und dünsten diese ebenfalls leicht an.

Dann kommt alles mit Gemüsebrühe in einen Topf und wird für 20 Minuten leicht gekocht. Noch einmal passierte Tomaten hinzugeben und kochen lassen. Dann kommen Salz, Pfeffer, Kümmel sowie der Zitronensaft (nach Bedarf) dazu. Die Suppe wird mit dem Pürierstab locker geschlagen und dann serviert.

Einfache Zwiebelsuppe

Zutaten (Zwei Personen)

5 Zwiebeln
200 g Lauch
20 g Schnittlauch
1 Liter Gemüsebrühe
2 EL Rapsöl
Pfeffer
Salz

Die Zwiebeln schälen und klein schneiden. Dann in einer kleinen Pfanne mit etwas Öl andünsten. Nun kommt die Gemüsebrühe in einen Topf. Den Lauch waschen und klein schneiden. Die Zwiebeln und der Lauch kommen mit etwas Öl in den Topf. Alles wird zum Kochen gebracht und danach für etwa 40 Minuten erhitzt. Dann bitte den Schnittlauch dazu geben und mit Salz und Pfeffer nachwürzen.

Pikante Karottensuppe

Zutaten (Zwei Personen)

200 g Karotten
1 Kartoffel
1 Zwiebel
10 g frischen Ingwer
400 ml Gemüsebrühe
100 ml Orangensaft
2 EL Olivenöl
1 El Saure Sahne
Schnittlauch
Pfeffer

Karotten, die Kartoffel und die Zwiebel bitte schälen und klein schneiden. Alles in einer Pfanne mit Öl kurz anbraten und dann mit 100 ml Gemüsebrühe für 15 Minuten garen. Danach herausnehmen und pürieren. Dann kommt der Orangensaft dazu. Alles wird mit saurer Sahne vermischt und mit Pfeffer nachgewürzt. Anschließend noch Schnittlauch darüber verstreuen.

Hühnersuppe mit Gemüse

Zutaten (Zwei Personen)

1 Hähnchen (Bio - Qualität)
Wasser
2 Zwiebeln
180 g Reis (Vollkorn)
3 Karotten
1 Zehe Knoblauch
100g Erbsen
2 Zwiebeln
250 g Lauch
150g Sellerie
1 Paprika
Pfeffer
Salz
Petersilie
Schnittlauch

Das Huhn gut waschen, trocknen mit Salz und Pfeffer würzen. Dann das Huhn, Knoblauch, die Zwiebel mit dem Reis in einen Topf geben und für etwa 30 Minuten garkochen.

Das Fleisch vom Huhn großzügig abtrennen bzw. abschneiden und erneut in den Topf geben. Die Erbsen sowie der zerkleinerte Lauch und der geschnittene Sellerie werden jetzt in den Topf gegeben und für 12 Minuten gekocht.
Dann folgen die Karotten. Je nach Bedarf noch einmal mit Salz und Pfeffer würzen. Schnittlauch und Petersilie in die Suppe geben und dann servieren.

Knoblauch Suppe mit Zwiebeln

Zutaten (Zwei Personen)

1 Zwiebel
1 Zehe Knoblauch
2 Karotten
300 ml Gemüsebrühe
400 ml Wasser
250 g Tomaten
1 EL Olivenöl
Pfeffer
Salz

Die Karotten waschen, schälen und klein schneiden. Ebenso die Zwiebel und die Zehe Knoblauch schälen und klein schneiden.

Tomaten waschen und würfeln.

Zunächst erhitzt man Öl in einem Topf. Die Zwiebel, Knoblauch und Karotten werden für etwa 3 Minuten leicht angebraten.

Dann Wasser, Gemüsebrühe und Tomaten zusammen in den Topf geben und kochen lassen.

Ca. 35 Minuten köcheln lassen und mit Pfeffer und Salz zum Schluss nachwürzen.

Gurkensuppe mit Tomaten

Zutaten (Zwei Personen)

1 Zwiebel
1 Gurke
300 ml Gemüsebrühe
400 ml Wasser
250 g Tomaten
1 EL Olivenöl
Pfeffer
Salz

Die Zwiebel bitte schälen und klein schneiden. Dann waschen Sie die Gurke und schneiden diese in kleine Scheiben.

Die Tomaten bitte waschen und kleine schneiden.

Dann erhitzt man Öl in einem Topf. Die Zwiebel wird für etwa 3 Minuten leicht gedünstet.

Dann Wasser, Gemüsebrühe und Tomaten zusammen in den Topf geben und kochen.

Etwa 30 Minuten bei mittlerer Temperatur köcheln lassen und mit Pfeffer und Salz würzen.

Knoblauch Lauchsuppe

Zutaten (Zwei Personen)

250 g Lauch
1 Zehe Knoblauch
20 g Schnittlauch
1 Liter Gemüsebrühe
2 EL Rapsöl
Pfeffer
Salz

Den Lauch gut waschen und klein schneiden. Die Zehe Knoblauch schälen und mit einer Gabel zerdrücken. Alles zusammen kommt in einen Topf mit der Gemüsebrühe und muss für etwa eine halbe Stunde kochen. Dabei erst erhitzen und dann die Temperatur reduzieren. Dann geben Sie das Öl dazu und würzen mit Salz und Pfeffer.

Kohlsuppe mit Karotten

Zutaten (Zwei Personen)

250 g Weißkohl
150 g Rotkohl
2 Karotten
300 ml Gemüsebrühe
400 ml Wasser
250 g Tomaten
1 EL Olivenöl
Pfeffer
Salz

Den Weißkohl und Rotkohl waschen und klein schneiden. Die Karotten ebenfalls bitte waschen, schälen und klein schneiden.

Dann waschen Sie die Tomaten und zerkleinern diese.
Alles zusammen kommt in einen Topf mit Gemüsebrühe und Wasser.

Kochen sie den Inhalt mindestens für eine Stunde. Dabei erst erhitzen und dann nach kurzer Zeit die Temperatur reduzieren.

Gegen Ende der Kochzeit Olivenöl dazu geben. Dann mit Salz und Pfeffer noch nachwürzen.

Brokkoli Suppe mit Knoblauch

Zutaten (Zwei Personen)

250 g Brokkoli
100 g Blumenkohl
1 Zehe Knoblauch
20 g Schnittlauch
1 Liter Gemüsebrühe
2 EL Rapsöl
Petersilie
Pfeffer
Salz

Der Blumenkohl und der Brokkoli werden erst gut gewaschen und in Röschen zerteilt. Die Zehe Knoblauch schälen und klein schneiden.

Einen Topf mit Gemüsebrühe erhitzen, dann den Brokkoli und Blumenkohl dazugeben. Nachdem der Inhalt etwa eine halbe Stunde gekocht wurde, geben Sie den Knoblauch, das Rapsöl und den Schnittlauch dazu.
Danach noch einmal eine halbe Stunde köcheln lassen und mit Pfeffer und Salz würzen. Mit etwas Petersilie zum Schluss garnieren.

Kartoffelsuppe mit Lauch

Zutaten (Zwei Personen)

6 Kartoffeln
2 Zwiebeln
300 g Lauch
1 Zehe Knoblauch
20 g Schnittlauch
1 Liter Gemüsebrühe
2 EL Rapsöl
Petersilie
Pfeffer
Salz

Die Kartoffeln bitte schälen, zerkleinern und in einem Topf mit Wasser kochen.
Währenddessen können Sie die Zwiebeln schälen und klein schneiden.
Den Lauch waschen und klein schneiden. Den Knoblauch schälen und zerkleinern.
Dann nehmen Sie die Kartoffeln vom Herd und zerstampfen diese zu einer breiigen Masse. Diese kommt mit der Gemüsebrühe in den Topf und wird gekocht.
Geben Sie den Lauch, die Zwiebeln und den Knoblauch dazu und vermischen alles gut.
Dann noch Rapsöl und Schnittlauch dazu geben und für etwa eine Stunde köcheln lassen.
Zum Schluss kommt noch Petersilie hinzu.
Mit Pfeffer und Salz würzen und servieren. Diese Suppe weckt die Lebensgeister in Ihnen. Sie kann an den nächsten Tagen auch noch konsumiert werden, wenn sie gekühlt aufbewahrt wird.

Dessert

Freude am Essen muss sein. Das Leben und die Nahrungsaufnahme bestehen nicht nur aus Pflichtaufgaben.
Trotz gesunder Lebensweise und Ernährung muss niemand auf leckere Desserts verzichten.

Gesundes Essen mit Spaß? Das funktioniert gut mit Gemüse und Obst in allen Variationen. Die Rezepte eignen sich auch für kleine Zwischenmahlzeiten, oder wenn es wirklich schnell gehen muss. Eine gesunde Ernährung bedeutet nicht Verzicht, sondern eher Bereicherung im Speiseplan.

Beeren mit Minze

Zutaten (Eine Person)

100 g Waldbeeren (Heidelbeeren, Himbeeren, Brombeeren)
250 ml Buttermilch
1 TL frische Minze
1 EL Waldhonig

Die Beeren, Minze und Buttermilch geben Sie in den Mixer, mischen alles für etwa 3 - 5 Minuten. Ja nach Bedarf mit Waldhonig abschmecken und dann servieren.

Spinatsaft mit Orange

Zutaten (Eine Person)

200 ml Spinatsaft
Eine Orange
1TL Zimt

Die Orange wird geschält, entkernt und in kleine Stücke geschnitten. Mit dem Spinatsaft kommt die Orange und der Zimt in den Mixer. Anschließend noch mit Eiswürfel ergänzen.

Bananen Smoothie mit Beeren

Zutaten (Eine Person)

Eine Banane
30 g Himbeeren
30 g Heidelbeeren
200 ml Mineralwasser
1 TL Rapsöl

Die Banane bitte schälen und klein schneiden. Die Beeren waschen und zusammen mit dem Rapsöl in den Mixer geben. Dann alles gut vermischen.

Obst Creme

Zutaten (Zwei Personen)

150 g Tofu
1 Banane
1 Mango
1 Prise Vanille Bourbon
½ TL Xucker

Die Banane schälen und klein schneiden. Das Fruchtfleisch der Mango ausschälen und zusammen mit dem Tofu, Banane, Vanille und Xucker ausreichend pürieren. Die Creme in zwei kleine Schüssel geben und servieren.

Kohl Aprikosen Drink

Zutaten (Eine Person)

1 Aprikose
200 ml Mineralwasser
50 g Chinakohl
1 TL Zimt
½ TL Curry

Die Aprikose waschen und zerteilen. Den Chinakohl waschen, in kleine Stücke schneiden. Alles zusammen mit Mineralwasser, Zimt und Curry in den mixen geben und gut vermischen.

Birne Smoothie

Zutaten (Eine Person)

1 Pfirsich
1 Birne
200 ml Mineralwasser
1TL Zimt
1TL Curry

Den Pfirsich und die Birne waschen und in kleine Stücke schneiden. Dann geben Sie die Fruchtstücke, das Mineralwasser in den Mixer zum Vermischen. Anschließend kommen noch Zimt und Curry hinzu. Noch einmal kurz mischen und dann servieren. Sollte der Mix zu zähflüssig sein, etwas Mineralwasser nachgießen.

Birnen Drink

Zutaten (Zwei Personen)

160 ml Wasser
400 ml Birnensaft
1 EL Mandelmus
½ TL Zimt

Geben Sie die Zutaten in den Mixer und mischen gut durch. Dann in zwei Gläser abfüllen und genießen.

Spinat Smoothie

Zutaten (Eine Person)

1 Limette
50g Spinat
10 g Schnittlauch
200 ml Mineralwasser
1 Minze

Erst wird der Spinat gewaschen und klein geschnitten. Dann schälen Sie die Limette, entfernen möglichst alle weißen Bestandteile der Schale und schneiden sie ebenfalls klein. Schnittlauch waschen und auch bitte klein schneiden.
Alles zusammen in den Mixer geben und gut vermischen.
Zum Schluss den Smoothie noch mit Minze garnieren.

Grüner Smoothie mit Zitrusfrüchten

Zutaten (Eine Person)

50 g Kopfsalat
50 g Eisbergsalat
50 g Feldsalat
½ Zitrone
1 Orange (süß)
250 ml Mineralwasser
Eine Minze

Hier haben wir eine etwas „härtere“ Variante eines Gemüse - Frucht Smoothies.
Den Salat gut waschen und zerkleinern. Die Zitrone bitte in zwei Hälften schneiden und eine Hälfte über dem Mixer auspressen.
Die Orange schälen, entkernen und klein schneiden.
Alles kommt mit dem Mineralwasser in den Mixer und wird gut vermischt. Das Ergebnis wird noch mit Minze nach Bedarf garniert.

Salat Gurken Smoothie

Zutaten (Eine Person)

1 Apfel (süß)
½ Gurke
30 g Kopfsalat
2 Scheiben Ingwer
200 ml Mineralwasser
1 TL Rapsöl

Den Apfel waschen und zerkleinern. Die Gurke wird gewaschen und in Scheiben geschnitten. Der Kopfsalat wird ebenfalls gewaschen und zerkleinert.
Nun schälen Sie den Ingwer und schneiden zwei Scheiben von einer frischen Knolle ab.
Alles zusammen mit dem Rapsöl und dem Wasser kommt in den Mixer und wird gut vermischt.

Aprikose Himbeere Smoothie

Zutaten (Eine Person)

40 g Himbeeren
1 Aprikose
20 g Kopfsalat
200 ml Mineralwasser
1 Minze
1 TL Rapsöl

Waschen Sie die Himbeeren und die Aprikose. Diese wird entkernt und klein geschnitten. Der Kopfsalat wird auch gewaschen und zerkleinert. Nun geben Sie alles in den Mixer und schütten das Öl hinein. Dann gut vermischen und mit der Minze garnieren.

Apfel Erdbeere Smoothie

Zutaten (Eine Person)

8 Erdbeeren
1 Apfel
50 g Eisbergsalat
200 ml Mineralwasser
1 TL Sesamöl

Den Apfel waschen und klein schneiden. Die Erdbeeren werden natürlich auch gewaschen und gründlich gereinigt. Ebenso gilt dies für den Salat, der zerkleinert wird. Alles in den Mixer geben und vermischen.

Birne Bananen Smoothie

Zutaten (Eine Person)

1 Banane
1 Birne
80 ml Sojamilch
20 ml Sahne (fett)
100 ml Mineralwasser
1 TL Rapsöl
1TL Zimt

Die Banane schälen und klein schneiden. Die reife Birne waschen und klein schneiden. Die Sojamilch, Zimt, Rapsöl und die Sahne mit dem Wasser in den Mixer geben. Dann noch die Banane und die Birne dazu geben und gut vermischen.

Green India Smoothie

Zutaten (Eine Person)

50 g Kopfsalat
50 g Chinakohl
50 g Eisbergsalat
1 Tomate
100 g Gurke
200 ml Mineralwasser
1TL Zimt
1 TL Rapsöl
1TL Curry

Den Salat waschen und klein schneiden. Die Tomate ebenfalls waschen und klein schneiden. Die Gurke wird auch gewaschen und in Scheiben geschnitten. Dann bitte alles zusammen in den Mixer geben. Mineralwasser zugießen, dann Zimt, Öl und den Curry dazu geben und vermischen.

Apfel Zucchini Smoothie

Zutaten (Eine Person)

1 Apfel (süß)
½ Zucchini
30 g Kopfsalat
2 Scheiben Ingwer
200 ml Mineralwasser
1 TL Rapsöl

Den Apfel waschen und zerkleinern. Die Zucchini waschen und in Scheiben schneiden. Der Kopfsalat wird ebenfalls gewaschen und zerkleinert. Nun schälen Sie den Ingwer und schneiden zwei Scheiben von einer frischen Knolle ab.
Alles zusammen mit dem Rapsöl und dem Wasser kommt in den Mixer und wird gut vermischt.

Apfel Gurke Smoothie

Zutaten (Eine Person)

1 Apfel
½ Gurke
Ein wenig Petersilie
Ein kleines Stück Ingwer
20 ml Zitronensaft
1TL Leinöl
Wasser

Den gewaschenen Apfel, die Gurke und die Petersilie in kleine Stücke schneiden und mit dem Leinöl, dem geschälten klein gehackten Ingwer dem Zitronensaft und Wasser in den Mixer geben und gut mischen.

Nektarinen Kiwi Quark

Zutaten (Eine Person)

130 g Nektarinen
80 g Kiwi
120 g Quark (mager)
Wasser
2TL Joghurt
Zitronensaft
20 g Sesamsamen

Die Nektarine und die Kiwi sollten gewaschen werden. Dann schneiden Sie die Nektarine in kleine Stücke. Die Kiwi bitte schälen und ebenfalls in kleine Stücke schneiden. Dann den Quark mit Wasser und Joghurt vermischen. Anschließend etwas Zitronensaft und die Nektarine plus Kiwi in die Masse geben und noch einmal mischen. Dann mit Sesamsamen bestreuen und servieren.

Pfirsich Smoothie

Zutaten (Eine Person)

240 g Pfirsiche
6 rote Weintrauben ohne Kerne
½ Nektarine
150 ml Mineralwasser
Minze
1 TL Rapsöl
1TL Zitronensaft

Die Pfirsiche gut waschen und in kleine Stücke schneiden.
Die Weintrauben ebenfalls waschen. Die Nektarine auch gut waschen und aufschneiden. Alles zusammen kommt mit dem Mineralwasser in den Mixer. Geben Sie noch das Öl und den Zitronensaft dazu. Dann vermischen. Zum Schluss garnieren Sie noch mit Minze.

Melonen Smoothie

Zutaten (Eine Person)

200 g Wassermelone
1 Apfel
150 ml Mineralwasser
Minze
1 TL Rapsöl
1TL Zitronensaft
1 TL Zimt

Die Wassermelone klein schneiden und Kerne entfernen. Der Apfel wird gewaschen und in kleine Stücke geschnitten. Dann alles zusammen mit dem Öl, Wasser, Zitronensaft und Zimt in den Mixer geben und vermischen. Die Minze dient zum Garnieren.

Kohl Banane Smoothie

Zutaten (Eine Person)

200 ml Wasser
2 Blätter Weißkohl
1 Birne
1 Banane
Ein wenig Petersilie
Ein wenig Löwenzahn

Zuerst waschen Sie das Obst gründlich und zerkleinern es grob. Dann zusammen mit dem Weißkohl alles in den Mixer geben und pürieren.

Honig Melonen Smoothie

Zutaten (Eine Person)

200 g Honigmelone
1 Birne
150 ml Mineralwasser
Minze
1 TL Rapsöl
1TL Zitronensaft
1 TL Zimt

Schneiden Sie die Honigmelone auf und schälen sie das Fruchtfleisch ohne Kerne heraus. Die Birne bitte waschen und klein schneiden. Alles zusammen kommt mit dem Rapsöl, Wasser, Zitronensaft und Zimt in den Mixer. Dann gut vermischen. Zum Schluss mit Minze garnieren und servieren.

Melonen Smoothie mit Weintrauben

Zutaten (Eine Person)

240 g Wassermelone
5 Weintrauben ohne Kerne
½ Nektarine
150 ml Mineralwasser
Minze
1 TL Rapsöl
1TL Zitronensaft

Die Wassermelone bitte aufschneiden und das Fruchtfleisch ausschälen. Die Weintrauben gut waschen. Die Nektarine ebenfalls gut waschen und aufschneiden. Alles zusammen kommt mit dem Mineralwasser in den Mixer. Geben Sie noch das Öl und den Zitronensaft dazu. Dann vermischen. Zum Schluss garnieren Sie noch mit Minze.

Banane Avocado Smoothie

Zutaten (Eine Person)

100 g Heidelbeeren
1 Banane
50 g Salat (Kopfsalat)
2 EL Leinsamen
300 ml Wasser
½ TL Zimt

Die Heidelbeeren werden gut gewaschen. Banane bitte schälen und in kleine Scheiben schneiden. Der Salat wird gewaschen und zerkleinert. Dann bitte alles in den Mixer geben und mit Wasser, Leinsamen und Zimt vermischen.

Himbeere Quark

Zutaten (Eine Person)

120 g Himbeeren
120 g Quark (mager)
Etwas Wasser
2TL Joghurt
Zitronensaft
Minze

Die Himbeeren erst gut waschen. Dann den Quark mit Wasser und Joghurt vermischen. Anschließend etwas Zitronensaft und die Himbeeren in die Masse geben und noch einmal mischen. Dann mit Minze garnieren und servieren.

Orientalische Fruchtcreme

Zutaten (Eine Person)

1 Mango
1 kleine Honigmelone
10 g Ingwer
1 TL Zimt
1 TL Curry
40 g Quark (mager)
100 g Naturjoghurt

Die Mango und die Honigmelone aufschneiden und mit einem Löffel das Fruchtfleisch in eine Schüssel geben. Den Quark plus Joghurt dazu geben und pürieren. Dann den Ingwer klein schneiden und auch dazu geben. Zimt und Curry einstreuen und dann noch einmal pürieren.

Pfirsich Aprikosen Quark

Zutaten (Eine Person)

1 Pfirsich (süß)
1 reife Aprikose
120 g Quark (mager)
Etwas Wasser
2TL Joghurt
Zitronensaft
Minze
Eine Dattel

Die Aprikose und den Pfirsich erst gut waschen und klein schneiden. Dann den Quark mit Wasser und Joghurt vermischen. Anschließend etwas Zitronensaft und den Pfirsich plus Aprikose in die Masse geben und noch einmal mischen. Die Dattel schneiden Sie bitte klein und geben diese dazu. Dann mit Minze garnieren und servieren.

Avocado Creme mit Birne

Zutaten (Eine Person)

1 Avocado
2 Birnen
1EL Zitronensaft
50 g Quark (mager)
100 g Naturjoghurt
Etwas Wasser
1 TL Zimt
1 Dattel

Die Avocado aufschneiden, das Fruchtfleisch mit einem Löffel ausschälen und in eine Schüssel geben. Die Birnen werden gewaschen und in kleine Stücke geschnitten. Dann den Quark und das Joghurt dazu geben und mit etwas Wasser vermischen bzw. pürieren. Die Birnen nun in die Schüssel gegen und noch einmal pürieren. Jetzt schneiden Sie die Dattel klein und geben diese dazu. Zuletzt den Zitronensaft und Zimt einstreuen und erneut vermischen.

Obstsalat mit Nuss

Zutaten (Zwei Personen)

1 Orange
1 Apfel
1 Nektarine
1 Pfirsich
1EL Zitronensaft
1 EL Leinöl
½ TL Zimt
25 g Cashewkerne
20 g Mandeln

Die Orange schälen, klein schneiden und entkernen. Den Apfel, die Nektarine und den Pfirsich waschen und klein schneiden. Alles zusammen kommt in eine Schüssel. Dann geben Sie den Zitronensaft, das Leinöl plus Zimt dazu und mischen gut durch.

Anschließend rösten Sie die zerkleinerten Nüsse in einer kleinen Pfanne kurz an und geben diese dann in den Obstsalat.

Pfirsich Birne Quark

Zutaten (Eine Person)

100 g Pfirsich
100 g Birne
120 g Quark (mager)
Etwas Wasser
2TL Joghurt
Zitronensaft
20 g Sesamsamen

Der Pfirsich und die Birne müssen gut gewaschen werden. Dann bitte entkernen und zerteilen. Dann den Quark mit Wasser und Joghurt vermischen. Anschließend etwas Zitronensaft, den Pfirsich und die Birne in die Masse geben und noch einmal mischen. Dann mit Sesamsamen bestreuen und servieren.

Mango Creme

Zutaten (Eine Person)

50 g Quark
30 ml Sahne
½ Mango
1 EL Olivenöl

Die Mango wird zuerst geschält, entkernt und zerkleinert. Dann die Mango, den Quark, die Sahne und das Olivenöl in den Mixer geben und gut mischen.

Joghurt pikant

Zutaten (Eine Person)

1 Naturjoghurt
1TL Leinöl
1/2 TL Curry
1 Scheibe Ingwer (frisch)
1TL Zimt
Stevia

Den Ingwer schälen und eine kleine Scheibe abschneiden. Diese klein hacken und in den Joghurt geben. Dann folgen Curry, Leinöl und Zimt. Gut vermischen. Je nach Bedarf mit wenig Stevia süßer gestalten.

Milder Obstsalat

Zutaten (Eine Person)

1 Banane
1 Nektarine
1 Pfirsich
1EL Zitronensaft
1 EL Leinöl
½ TL Zimt
25 g Cashewkerne

Erst schälen und zerteilen Sie die Banane. Dann werden die Nektarine sowie der Pfirsich gewaschen und klein geschnitten. Geben Sie alles zusammen in eine Schüssel. Dann folgen der Zitronensaft und das Leinöl. Bitte gut vermischen und noch Zimt dazu geben. Die Cashewkerne darüber streuen und servieren.

Bananen Mix mit Joghurt

Zutaten (Zwei Personen)

2 kleine Bananen
200 g Joghurt (1,5%)
1 EL Limettensaft
1 EL Leinöl
½ TL Zimt

Erst werden die Bananen geschält und in Scheiben klein geschnitten. Dann mischen Sie das Leinöl in den Joghurt und geben es über die Bananenscheiben. Anschließend streuen sie Zimt darüber.

Heidelbeeren Quark

Zutaten (Eine Person)

150 g Heidelbeeren
120 g Quark (mager)
Etwas Wasser
2TL Joghurt
Zitronensaft
20 g Sesamsamen

Die Heidelbeeren müssen gut gewaschen werden. Dann den Quark mit Wasser und Joghurt vermischen. Anschließend etwas Zitronensaft und die Heidelbeeren in die Masse geben und noch einmal mischen. Dann mit Sesamsamen bestreuen und servieren.

Nektarinen Creme

Zutaten (Eine Person)

70 g Quark (mager)
30 ml Sahne
1 Nektarine
1 EL Olivenöl
20 g Hanfsamen

Die Nektarine wird zuerst gewaschen, entkernt und zerkleinert. Dann die Nektarine, den Quark, die Sahne und das Olivenöl in den Mixer geben und gut mischen. Den Hanfsamen dann über die Creme streuen.

Apfel Birnen Mix

Zutaten (Eine Person)

1 Apfel
1 große Birne
25 g Mandeln
200 g Joghurt (1,5%)
1 EL Leinöl
½ TL Zimt

Den Apfel und die Birne bitte waschen und klein schneiden. Die Mandeln werden zerhackt. Nun geben Sie alles in eine Schüssel und rühren den Jogurt mit dem Leinöl unter. Dann noch Zimt darüber streuen und servieren.

Pfirsich Quark Creme

Zutaten (Zwei Personen)

300 g Pfirsiche
300 g Quark (mager)
15 ml Zitronensaft
50 ml Milch (1,5%)
20 g Sesamsamen
1 g Vanille

Vermischen Sie den Quark mit Milch, Zitronensaft, Vanille und Sesamsamen. Waschen und schneiden sie die Pfirsiche in kleine Stücke, die dann mit der Creme vermischt werden. Dann in kleinen Schüsseln servieren.

Bananen Shake

Zutaten (Eine Person)

2 kleine Bananen
400 ml Milch (1,5 % Fett)
1 TL Leinöl
1 TL Zimt
1/2 TL Curry
20 g Leinsamen
10 g Hanfsamen

Zuerst schälen Sie die Bananen. Dann schütten Sie die Milch zusammen mit den Bananen in den Mixer und mischen gut durch. Es folgen Zimt Curry, Leinsamen und Hanfsamen. Noch einmal kurz vermischen.

Erdbeeren Quark

Zutaten (Eine Person)

150 g Erdbeeren
120 g Quark (mager)
Etwas Wasser
2TL Joghurt
Zitronensaft
Minze

Die Erdbeeren müssen gut gewaschen werden. Dann den Quark mit Wasser und Joghurt vermischen. Anschließend etwas Zitronensaft und die Erdbeeren in die Masse geben und noch einmal mischen. Dann mit Minze garnieren und servieren.

Brombeeren Quark

Zutaten (Eine Person)

150 g Brombeeren
120 g Quark (mager)
etwas Wasser
2TL Joghurt
Zitronensaft
20 g Sesamsamen

Die Brombeeren müssen gut gewaschen werden. Dann den Quark mit Wasser und Joghurt vermischen. Anschließend etwas Zitronensaft und die Brombeeren in die Masse geben und noch einmal mischen. Dann mit Sesamsamen bestreuen und servieren.

Himbeere Melonen Creme

Zutaten (Eine Person)

70 g Quark (mager)
30 ml Sahne
100g Himbeeren
150 g Wassermelone
1 EL Olivenöl
20 g Hanfsamen

Die Himbeeren werden zuerst gewaschen und zerkleinert. Die Melone schneiden Sie auf und schälen das Fruchtfleisch mit dem Löffeln heraus.

Dann die Himbeeren, Melone, den Quark, die Sahne und das Olivenöl in den Mixer geben und gut mischen. Den Hanfsamen dann über die Creme streuen.

Nahrungsergänzung

Empfehlenswert sind:

Vitamin C (2 g pro Tag)
Curcumin (500 g pro Tag)
Brokkoli Extrakt (100 mg pro Tag)

Beginnen Sie jedoch mit kleinen Mengen, um die Verträglichkeit zu testen. Wichtig ist dabei die gute Zufuhr von Flüssigkeit (mindestens 2,5 Liter pro Tag).

Sobald Rötungen entstehen, oder sich wieder bilden, sollten Sie die Dosierungen sofort reduzieren.

In der Regel sorgen die oben genannten Stoffe für ein langsames Abklingen der Entzündungen. Wunder können Sie natürlich nicht erwarten. Mit Geduld und der passenden Ernährung gelingt jedoch eine spürbare Besserung des Hautbilds und auch eine Linderung sonstiger entzündlicher Vorgänge im Körper. Damit schaffen Sie die Voraussetzungen für beschwerdefreie Zeiten.

Bildnachweise:

31 Stock-Fotografie-ID:476487780
32 Stock-Fotografie-ID:655014626
33 Stock-Fotografie-ID:835943492
35 Pixabay
37 Stock-Fotografie-ID:1030719820
39 Stock-Fotografie-ID:899739452
40 Stock-Fotografie-ID:594929414
43 Stock-Fotografie-ID:176844024
44 Stock-Fotografie-ID:614862034
45 Stock-Fotografie-ID:845228376
50 Stock-Fotografie-ID:818390968
51 Stock-Fotografie-ID:1179961776
52 Stock-Fotografie-ID:467752783
53 Stock-Fotografie-ID:993789454
54 Stock-Fotografie-ID:528628612
57 Stock-Fotografie-ID:665578720
59 Stock-Fotografie-ID:945354472
60 Stock-Fotografie-ID:178510095
62 Stock-Fotografie-ID:533713706
64 Stock-Fotografie-ID:115807829
65 Stock-Fotografie-ID:894464820
69 Stock-Fotografie-ID:176767571
70 Stock-Fotografie-ID:544819176
74 Stock-Fotografie-ID:599690192
75 Stock-Fotografie-ID:1072164666
78 Stock-Fotografie-ID:603191126
83 Stock-Fotografie-ID:1144819332
84 Stock-Fotografie-ID:1194494005
87 Stock-Fotografie-ID:962140922
88 Stock-Fotografie-ID:472006682
91 Stock-Fotografie-ID:635683512
96 Stock-Fotografie-ID:1058025786
97 Stock-Fotografie-ID:535238385
98 Stock-Fotografie-ID:1198071560
102 Pixabay
105 Stock-Fotografie-ID:864615222
107 Stock-Fotografie-ID:697362026
108 Stock-Fotografie-ID:1054289648
109 Stock-Fotografie-ID:889068424
110 Stock-Fotografie-ID:945354472
113 Stock-Fotografie-ID:929532706
114 Stock-Fotografie-ID:640208384

117 Stock-Fotografie-ID:184380622
120 Stock-Fotografie-ID:10594644000
123 Stock-Fotografie-ID:054289648
124 Stock-Fotografie-ID:1149091806
127 Stock-Fotografie-ID:536355449
128 Stock-Fotografie-ID:894464820
131 Stock-Fotografie-ID:1063305796
134 Stock-Fotografie-ID:1158078299
137 Stock-Fotografie-ID:1129859539
143 Stock-Fotografie-ID:477200458
145 Stock-Fotografie-ID:1081879764
150 Stock-Fotografie-ID:1180419097
152 Stock-Fotografie-ID:482835615
160 Stock-Fotografie-ID:506713490
163 Stock-Fotografie-ID:1071335500
164 Stock-Fotografie-ID:1204111431
165 Stock-Fotografie-ID:1016077154
166 Stock-Fotografie-ID:905617246
167 Pixabay
169 Stock-Fotografie-ID:671323826
173 Stock-Fotografie-ID:903244996
163 Stock-Fotografie-ID:896263158
181 Stock-Fotografie-ID:910628226